A América que os europeus encontraram

SARAIVA S.A. Livreiros Editores
Rua Henrique Schaumann, 270 — Pinheiros
05413-010 — São Paulo — SP
Fone: (0xx11) 3613-3000
Fax: (0xx11) 3611-3308 — Fax vendas: (0xx11) 3611-3268
www.editorasaraiva.com.br

Dados Internacionais de Catalogação na Publicação (CIP)

Peregalli, Enrique
A América que os europeus encontraram / Enrique Peregalli. – 28. ed. –
São Paulo : Atual, 2013. – (Discutindo a História)
Bibliografia
ISBN 978-85-357-1567-5
ISBN 978-85-357-1568-2 (professor)
1. América Latina - Civilização 2. América Latina - História I. Título. II. Série.
CDD-980

Índice para catálogo sistemático:
1. América Latina : História 980

Série Discutindo a História

Coordenação
Jaime Pinsky
Gerente editorial
Rogério Carlos Gastaldo de Oliveira
Editora-assistente
Solange Mingorance
Auxiliares de serviços editoriais
Flávia Zambon e Amanda Lassak
Gerente de Arte
Nair Medeiros Barbosa
Pesquisa iconográfica
Helena Okada
Diagramação
Conexão Editorial
Projeto gráfico de capa e miolo
Márcio Koprowski
Foto da capa
Estrela de Quetzalcoatl, peça datada do período entre os séculos X e XIV, hoje no Museu Nacional de Antropologia do México.
© Gianni Dagli Orti/CORBIS/Latinstock
Produtor Gráfico
Rogério Strelciuc

28ª. edição / 1ª. tiragem
2013
Visite nosso site: www.atualeditora.com.br
Central de atendimento ao professor:
0800-0117875

Impressão e Acabamento Cometa Grafica e Editora
www.cometagráfica.com.br - Tel - 11-2062 8999

Discutindo a História

A América que os europeus encontraram

Conforme a nova ortografia

Enrique Peregalli

Sumário

Para Guilherme, pelas horas roubadas de "seu tempo"; para Tabaré, Anay, Abajubá, Zapicán, Itairé e Irupé, irmãos mui queridos; para Cida, pelo tempo compartilhado.

Bate-papo com o autor

Enrique Peregalli (*in memoriam*), uruguaio, formado em Filosofia pelo Instituto Filosófico e Teológico do Uruguai e em História pela Universidade de São Paulo (USP). Abandonou a terra de Artigas e veio compartilhar seu chimarrão nas noites frias paulistanas com os alunos da USP, do curso de História, onde encontrou, além de um clima de estudo e pesquisa, ótimos amigos.

Fez mestrado na PUC de São Paulo, no qual apresentou a dissertação *O Exército colonial na Capitania de São Paulo.* Trabalhou no setor de microfilme da PUC. Lá recebeu um convite para lecionar na Universidade Federal do Pará. Em Belém, elaborou esse texto (*A América que os europeus encontraram*), com a colaboração de Nilda Pereira e Regina Costa, que "traduziram" seus originais.

Depois de dois anos, retornou a São Paulo e trabalhou na Editora da Universidade de Campinas como assessor editorial. A partir de então, os caminhos da História o levaram para a Unesp de Assis, onde concluiu o Doutorado em História da América, orientado pelo professor Leon Pomer. Teve passagem por várias universidades particulares, atuando como coordenador de Pesquisa e Pós-Graduação das Faculdades Capital, Mooca, São Paulo, e do Grupo de Humanas do Colégio da Polícia Militar, também na capital paulista.

Autor de numerosos artigos publicados em revistas especializadas e dos livros *Como o Brasil ficou assim?*, *Escravidão no Brasil*, *O Exército colonial na Capitania de São Paulo*, *500 anos de América*, e coautor de *Brasil: texto & consulta*, e *História da América através de textos*, Peregalli faleceu em julho de 2000. A seguir, algumas questões respondidas pelo autor quando do lançamento da primeira edição desta obra.

Nos livros de História adotados nas nossas escolas, consta que os europeus descobriram a América. O título deste livro é sintomaticamente diferente: A América que os europeus encontraram. O que significa essa mudança de enfoque?

Para ser exato, os manuais escolares costumam colocar textualmente: "Em 1492, Colombo descobriu a América", quando, na verdade, o rei *viking* Eric, o Vermelho, chegou muito antes às terras americanas. Para sermos fieis à História, a frota liderada por Colombo encontrou entre a Europa e a Ásia outro continente. O famoso almirante pensava ter chegado ao Japão. Esse tipo de abordagem factual, que privilegia o herói, o ator individual em detrimento do social, do coletivo, ilustra o tipo de História que muitos livros didáticos transmitem. Com o termo "descobrir", passa-se a ideia de que a História dos povos americanos teria começado com a chegada dos espanhóis, mostrando com isso que os acontecimentos anteriores não passariam de uma pré-história da América. Os "civilizados europeus" integrariam os povos americanos no processo civilizatório. Essas palavras tão repetidas – descobrir, integrar, trazer... – consideram os europeus sujeitos da História, enquanto os americanos são transformados em objetos passivos. A suposta superioridade dos europeus – cultural, militar, tecnológica, espiritual – é colocada em primeiro plano. As ilustrações do desembarque de Colombo impressas nos livros didáticos evidenciam esse aspecto ao retratar homens fortes, reluzentes, com suas bandeiras ao vento, a cruz e a espada levantadas aos céus, que encontram homens semivestidos, ajoelhados e de cabeça baixa. Pode parecer exagerado, mas não é. Tudo isso está encerrado numa só palavra: descobrimento.

Fazer um livro com o título *A América que os europeus encontraram* não é uma simples substituição de palavras. Significa considerar os americanos como sujeitos da História. Significa enterrar conceitos como inferioridade racial ou cultural. Construímos nesta obra uma História que leva em consideração a visão dos vencidos. Queremos mostrar com isso que a América possui uma História de desenvolvimento econômico, cultural, social e político que não precisou da tutela dos europeus. É essa História que pretendemos abordar neste livro, sem preconceitos e sem eurocentrismos.

As civilizações asteca, maia e inca eram "superiores" em termos de evolução social às civilizações nativas que os portugueses encontraram no Brasil? Seria por isso que o embate entre nativos e invasores foi diferente nos dois casos?

Se considerarmos a existência de civilizações superiores e inferiores, teremos de explicar em relação a que e por que construímos uma estratificação que vai da menor à maior, do negativo ao positivo. Essas afirmações podem nos levar a pensar que as civilizações ditas inferiores deverão percorrer o mesmo caminho das superiores para alcançar o cume da estratificação. Podemos observar a arbitrariedade dessas caracterizações.

Não nos parece correto falar de superiores e inferiores, mas de civilizações mais evoluídas ou menos evoluídas. A questão permanece: qual o referencial teórico que podemos utilizar para desenvolver essa linha de pensamento? Nas diferentes formas de articulação dos homens com a natureza e no relacionamento dos homens entre si com a finalidade de dominar a natureza, podemos encontrar a forma mais correta de caracterizar civilizações menos evoluídas ou mais evoluídas. Não existem dificuldades em considerar os astecas mais evoluídos que os tupis-guaranis, sem entrar em considerações como inferior ou superior. A luta que se estabeleceu entre essas civilizações e os europeus tomou características próprias, embora sempre tenha sido mantido o eixo central, que é a luta pela terra e pelo controle da mão de obra. Aqui, entramos na história colonial. Lembremos que as civilizações consideradas menos evoluídas foram as que mais resistiram aos invasores.

Existe a ideia de que as civilizações pré-colombianas eram mais justas, em termos sociais, que as civilizações europeias. Isso é mito ou realidade?

Os estudiosos de assuntos pré-colombianos podem ser divididos em três grandes grupos. Há aqueles que consideram essa etapa como uma pré-história da América, fazendo questão de exaltar a presença do europeu como elemento civilizador e desprezando as civilizações pré-colombianas. Lembro-me de um livro de História do Brasil para o ensino médio que dizia o seguinte: "Em 1500, Cabral descobriu o Brasil. Começa aqui a história de nosso país".

Um segundo grupo opõe-se a esses eurocentristas, exaltando as civilizações autóctones. São os nativistas, os quais alegam que nessas sociedades não existiam a exploração, a miséria, e exaltam uma sociedade em que a arte era utilizada para a realização do homem. Esses pesquisadores constroem a imagem de um paraíso perdido em terras americanas, afirmando a presença de um estado coletivista ou mesmo socialista.

Um terceiro grupo, no qual eu me integro, considera as altas civilizações americanas como sociedades de transição nas quais uma classe-Estado explorava as comunidades aldeãs (sociedades sem classes) por meio dos tributos. Não existia nenhuma igualdade social. A Confederação Asteca, as cidades-Estados maias e o Império Inca eram formações sociais em que existia a exploração.

A pergunta que se segue é: a exploração era maior ou menor que nas civilizações europeias? Podemos afirmar que a quantidade de excedente econômico extraído das populações trabalhadoras era maior nas sociedades europeias, que naquela época estavam em transição rumo ao capitalismo, no qual se completa a separação total entre os homens e suas condições naturais de existência.

Ataque de Cortés e suas tropas a Teocalli, uma pirâmide localizada no México, que abriga um templo religioso. Na língua nauatl, Teocalli significa "casa de Deus".

1- O CHOQUE DE DUAS CIVILIZAÇÕES

Em 12 de outubro de 1492, os três navios espanhóis que partiram do continente europeu, comandados por Cristóvão Colombo, ancoraram numa ilha do Caribe, chamada São Salvador. Começava um novo capítulo na história dos povos americanos, e se abria outra página sombria no livro das façanhas do capital mercantil, financiador daquela viagem destinada, originalmente, às Índias Orientais.

O célebre almirante realizou mais quatro viagens, entre a América e a Europa. Seus homens fizeram um levantamento das costas na América Central, chegaram até a Venezuela e mapearam as ilhas do Caribe. Numa dessas ilhas, São Domingos, os espanhóis deram uma pequena amostra do que mais tarde seria a conquista da América.

Impacientes por se tornarem ricos, os marinheiros de Colombo não se conformaram com os presentes em ouro e prata dados pelos pacíficos habitantes dos trópicos e começaram a saquear as aldeias indígenas. O total desprezo pela população local pode ser retratado nos divertimentos preferidos dos espanhóis: o tiro ao alvo sobre seres vivos, o espetáculo de verem os cães de guerra esquartejarem camponeses, caçada humana, estupros...

A avidez pelo ouro era incompreensível para os americanos. O imperador Montezuma, o *tlatoani* dos astecas, não entendeu o desprezo do conquistador Cortés pelas plumas de aves, mantas e comestíveis enviados aos espanhóis, nem entendeu por que preferiam os vasilhames de ouro em lugar dos alimentos que ali estavam. Logo os astecas perceberam que os invasores não eram deuses e passaram a chamá-los de *popolocas*, que quer dizer "bárbaros".

Para conseguir os 20 mil quilos de ouro, remetidos à Espanha entre 1503 e 1530 (antes disso não existem registros), os espanhóis saquearam, mataram e roubaram. Os historiadores discutem o número de mortos, mas ninguém nega a tragédia. Se a ilha de São Domingos tinha 8 milhões de habitantes em 1492, em 1514 restavam 32 mil homens. Se o vale do México comportava

25 milhões de pessoas, no final do século não passavam de 70 mil. Sessenta e oito por cento dos maias pereceram nas mãos dos espanhóis. A população do Peru, que em 1530 era calculada em 10 milhões, em 1560 caiu para 2,5 milhões. Um desastre demográfico.

Os europeus dizimaram os construtores de uma civilização que em muitos aspectos superava a deles, desestruturaram um sistema produtivo que permitia a alimentação de milhões de pessoas, queimaram os avanços científicos transmitidos por gerações de americanos e, sobretudo, destruíram as possibilidades de um desenvolvimento autônomo.

Os povos das Américas estavam, em 1492, em diferentes estágios de desenvolvimento. Entre eles, os astecas no México, os maias na região

Povos indígenas na época da conquista

Base cartográfica: IBGE, 2007, p. 41. Fonte: *The Times Atlas of World History*, 1995, p. 47 (e dados do autor).

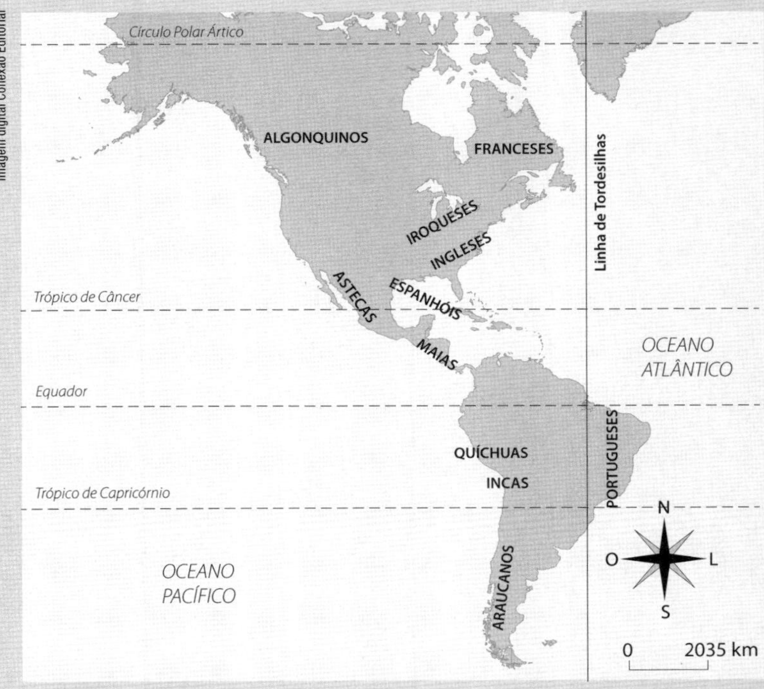

Base cartográfica: IBGE, 2007, p. 41 (e dados do autor).

central e os incas na América Andina atuaram como sintetizadores de culturas anteriores e, ao mesmo tempo, como focos irradiadores de civilização. Estamos diante do fenômeno da "difusão cultural", abordado nesta obra. Nossa história se deterá neste ponto. Começaremos indagando o significado do estudo das Altas Culturas pré-colombianas e a base econômica dessas sociedades. Veremos como foi formada a Confederação Asteca e o Império Inca, o auge e a decadência de uma civilização como a Maia e suas respectivas formações sociais.

O que significa "estancamento das forças produtivas" e "desenvolvimento da superestrutura cultural"? Existe um pensamento filosófico pré-colombiano? Os indígenas eram seres "livres" e "puros"? Existiu um "Estado socialista" em terras americanas?

As respostas a essas e a outras inúmeras questões sobre a origem e o desenvolvimento das civilizações pré-colombianas o leitor encontrará nas páginas seguintes.

Estrela de Quetzalcoatl, peça datada do período entre os séculos X e XIV; encontra-se atualmente no Museu Nacional de Antropologia do México.

2- México: os povos da Confederação Asteca

Entendemos por Altas Culturas pré-colombianas as civilizações americanas localizadas no México atual, na região norte da América Central e na faixa que se estende desde a Colômbia até o Chile, acompanhando a orla do oceano Pacífico.

Um observador atento poderá perceber de imediato que as regiões acima assinaladas como Altas Culturas, compreendendo, respectivamente, a Confederação Asteca, as cidades-Estados maias e o Império Inca, são zonas onde hoje impera o "subdesenvolvimento", enquanto a América de língua inglesa, localizada fora desse mapa, parece ter-se "desenvolvido". Por que o norte se desenvolveu e o sul se subdesenvolveu? Por que as regiões outrora mais "ricas" são hoje as mais pobres? Ou, por que as regiões antes mais "pobres" são hoje as mais poderosas economicamente?

A ideologia colonialista resolveu aparentemente o problema, remetendo-o ao estigma da inferioridade racial do indígena americano e do negro escravizado, à miscigenação racial, aos impedimentos geográficos e a outras teorias mais ou menos exóticas. Essas teorias têm em comum a premissa de que o continente americano necessitou da presença do branco europeu para penetrar na história dos povos civilizados, e afirmam que quanto mais nos aproximarmos desse modelo capitalista mais seremos "felizes". Como os colonos ingleses construíram na América do Norte uma sociedade "à imagem e semelhança" da europeia, seu desenvolvimento foi muito mais rápido que o nosso, reafirmam tais teorias.

Essa explicação leva a um raciocínio formal assustador: se no passado os povos americanos não foram capazes de se desenvolver sem a tutela dos europeus, hoje, em pleno século XX, continuam precisando da tutela dos mais desenvolvidos para mostrarem o caminho da superação do subdesenvolvimento.

Culturas da América Central

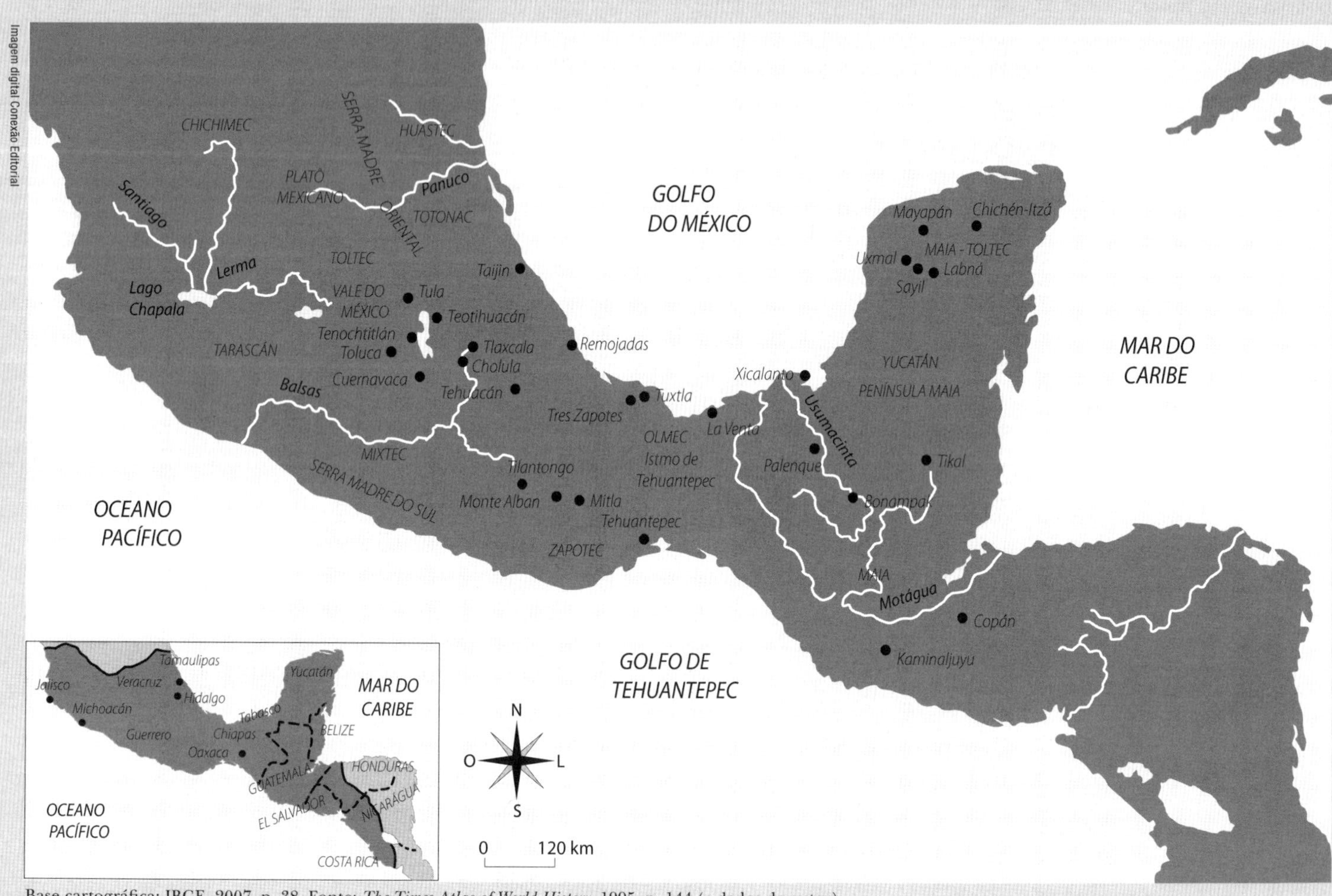

Imagem digital Conexão Editorial

Base cartográfica: IBGE, 2007, p. 38. Fonte: *The Times Atlas of World History*, 1995, p. 144 (e dados do autor).

Mas a ciência moderna tem sido incapaz de provar efetivamente a suposta inferioridade americana ou ainda de demonstrar que o fator geográfico é determinante para o desenvolvimento econômico. Não podemos aceitar a existência de povos inferiores ou povos sem história (nós, latino-americanos) e povos com história (as sociedades capitalistas avançadas). Esse dualismo é artificioso e não explica a realidade.

A História tem demonstrado que o desenvolvimento de uns está condicionado ao subdesenvolvimento de outros. Comprovou que o capitalismo destrói os antigos modos de produção onde for necessário para seu crescimento, mas mantém estruturas pré-capitalistas quando as considera necessárias.

Está claro para a História que todos os povos são potencialmente iguais, mas não basta dizer simplesmente isso. Para abandonar explicações metafísicas, devemos inserir os povos nas estruturas socioeconômicas, no terreno das particularidades regionais, nas diferentes formas de desenvolvimento, nas formações sociais.

A ciência histórica enveredou muito tempo pelo caminho do eurocentrismo, isto é, analisava a Europa como se ela fosse o espelho do mundo. Dessa forma, se a Europa evoluiu da comunidade primitiva para o escravismo e o feudalismo, como etapas prévias ao capitalismo – antessala do socialismo –, a América também deveria, necessariamente, cumprir o mesmo processo.

A história da América, da África e da Ásia não está de acordo com esse raciocínio. Só para exemplificar, existiu um modo de produção que Marx começou a analisar na Índia, denominado modo de produção asiático. O que Marx não tinha condições de saber é que esse modo de produção existia também no Egito Antigo, na Creta Micênica, na África Negra e na América pré-colombiana. Para evitar confusões geográficas, vamos denominar esse modo de produção como modo de produção tributário.

Quais são as características desse modo de produção? As comunidades primitivas efetuaram, ao longo dos anos, um processo de unificação em torno de uma comunidade superior – o Estado –, movidas pela necessidade de organizar e efetuar as grandes obras públicas que ultrapassavam os meios das comunidades individuais.

O Estado tem suas raízes no surgimento de uma minoria com poderes de "função", isto é, nasce quando uma minoria que efetua serviços de interesse comum para a comunidade se afasta da produção, apropriando-se do excedente econômico gerado pelos produtores diretos, transformando o poder de função em poder de exploração.

A característica fundamental do modo de produção tributário é a existência das comunidades aldeãs, sociedades sem classes, provenientes de um modo de produção anterior, o comunitário primitivo; e também a existência do Estado (sociedade de classes), representado por uma classe de sacerdotes, funcionários e guerreiros, que extrai tributos das comunidades aldeãs. O modo de produção tributário é uma forma de transição de uma sociedade sem classes para uma sociedade de classes.

A existência de um modo de produção tributário na América não significa a negação das especificidades do desenvolvimento asteca, maia ou inca. O modo de produção é uma abstração teórica que não existe na realidade em sua forma pura. Ele explica como uma sociedade cria e recria suas condições materiais de existência, assegurando a própria reprodução, e se explica pela articulação das instâncias econômica, política e ideológica.

É possível afirmar que o modo de produção tributário se constitui em regiões onde a produção de excedente econômico agrícola requer importantes transformações no meio ambiente (canais de irrigação, drenagens, terraços, etc.) por meio de uma aglutinação das comunidades aldeãs ao redor do núcleo central. Nesse caso, o Estado intervém diretamente na produção, como aconteceu no Império Inca. Aliás, os incas foram os únicos a formar um verdadeiro império.

Quanto aos maias, não passaram de cidades-Estados que ocasionalmente se associavam, mas que, na maioria das vezes, lutavam entre si pelo controle da terra. Não encontraremos aqui grandes obras incaicas nem trabalhos hidráulicos significativos. O que veremos na península de Yucatán é uma minoria que dominava e explorava as comunidades, interferindo na produção de uma forma limitada, conforme apresentaremos no capítulo seguinte.

No modo de produção tributário se estabelece um equilíbrio, uma correspondência pela mediação do Estado entre forças produtivas e relações de produção. Mas o modo de produção tributário também se caracteriza por uma inadequação entre forças produtivas e meios de produção. Existe maior utilização de força produtiva de trabalho humano do que de meios de produção. Encontraremos uma superexploração da força de trabalho que compensa a subutilização das possibilidades tecnológicas.

A superexploração da força de trabalho, sem um desenvolvimento tecnológico avançado, somente pode acontecer porque as comunidades aldeãs permanecem em suas terras, sob o regime de comunidade primitiva ainda não dissolvida, enquanto o Estado assume as tarefas de defesa, controle social, organização da produção e distribuição. O sistema de exploração montado pelo Estado permite a manutenção da força de trabalho, quando ela é deslocada no período de entressafra para as grandes construções públicas.

A presença dos mexicas

Estamos diante das altas civilizações americanas, nas quais o homem incorporou a arquitetura, o cálculo, a escrita e a religião ao seu dia a dia. Falamos de uma civilização em que o homem procurou dominar a natureza para alimentar uma população crescente, sem destruições, mantendo um sadio equilíbrio ecológico. Os mexicas ou astecas construíram uma civilização *sui generis* ou se aproveitaram de civilizações preexistentes? Para responder a essa questão devemos retroceder brevemente na história da Mesoamérica.

As origens

No estado de Tabasco, México atual, uma região baixa e pantanosa era habitada pelos olmecas, ou "habitantes do país da borracha", segundo a interpretação de alguns historiadores. Para eles, tudo parece ter começado com esse povo.

Album / DEA / G. DAGLI ORTI / Latinstock

Escultura mexicana olmeca, feita em pedra jade, representando um homem que carrega uma criatura híbrida, meio humana/meio felina.

Os arqueólogos concentram seus estudos num centro cerimonial denominado *La Venta*, que floresceu entre os anos 400 e 1000 da nossa era. Falamos de centros cerimoniais porque os olmecas não construíram cidades, mas centros onde eram levantados altares de pedra para os deuses. *La Venta* é obra de um povo que se concentrava para fins cerimoniais e se dispersava rumo a suas modestas aldeias feitas com materiais da floresta.

A arte olmeca se caracteriza pela simplicidade das linhas e pela sensualidade das figuras. Sem utilizar o metal, transformaram a dura pedra esverdeada do jade em belíssimas artes plásticas. Cabeças humanas, esculpidas em pedras maciças de 2, 6 e até 10 toneladas, foram colocadas na região pantanosa, com a função aparente de libertar a selva dos "maus espíritos".

Existem poucos indícios sobre organização, mas podemos dizer com pequena margem de erro que havia uma camada de sacerdotes "com poder de função", que não constituíam ainda parte de um Estado nem formavam uma

Origens do homem americano

Imagem digital Conexão Editorial

Base cartográfica: Conexão Editorial, 2013 (e dados do autor).

classe social. Pouco sabemos das origens dessa "cultura mãe". Sua desestruturação coincide com o aparecimento dos nahuas, provenientes do norte.

Da mesma forma que os romanos chamavam de "bárbaros", quer dizer, "estrangeiros" todos os habitantes das terras além de suas fronteiras, podemos chamar de nahuas aquelas tribos que se deslocavam permanentemente além da linha imaginária traçada transversalmente nos Estados mexicanos de Guanajuato, Queretano e Hidalgo. Os limites não eram muito precisos, porém marcavam diferenças culturais, antropológicas e linguísticas.

Esses povos nômades das planícies norte-americanas, no estágio de comunidades primitivas, penetraram através dos séculos na região das Altas Culturas. Um desses povos pertencia à família linguística yuto-asteca.

A origem dos nahuas parece ter sido a mesma dos povos americanos. Seguindo a trilha dos animais, os caçadores, provenientes da Ásia, penetraram no Alasca pelo estreito de Bering, naquela época congelado. A migração continuou pelos Estados Unidos, México, América Central e, num traçado que acompanha os Andes, alcançaram o Chile, com deslocamentos periféricos para a região amazônica, Brasil e Argentina. Não obstante, nada impede que uma corrente polinésia tivesse alcançado a ilha de Páscoa, no Chile, ou as costas da Colômbia, o que não significa contatos culturais permanentes.

Teotihuacán: a cidade dos "deuses"

As ruínas da pequena cidade de São João de Teotihuacán, ao norte da Cidade do México, já eram famosas na época dos astecas. Para explicar a construção de um gigantesco conjunto arquitetônico, no qual se destacam a pirâmide do Sol (60 m de altura, 225 m de lado na base quadrada, resultando em 1 milhão de metros cúbicos de terra revestida de pedra) e a pirâmide da Lua (42 m de altura, 16.000 m^2 na base), unidas pela Calçada da Morte (4 km de comprimento e 40 m de largura), popularizou-se a lenda de que a cidade tinha sido construída por gigantes, antes da chegada do homem.

A cidade teve origem na etapa formativa, anterior às construções, que ainda permanecem no local. Seus primeiros povoadores procederam da região Nahua e se assentaram no local graças às excelentes condições naturais, favoráveis ao desenvolvimento da agricultura. Na etapa clássica, foram construídas as grandes pirâmides, e a cidade cresceu sobre 200 ha.

Base cartográfica: IBGE, 2007, p. 41. Fonte: *The Times Atlas of World History*, 1995, p. 47 (e dados do autor).

Vista da Pirâmide do Sol, no sítio arqueológico de Teotihuacán, a cidade dos "deuses", no México, que teve seu auge entre 600 e 750 a.C.

Na melhor época, Teotihuacán abrangia 750 ha, estendendo sua influência pelos Estados de Tlaxcala, Puebla, Vera Cruz, Oaxaca, Chiapas, até a Guatemala, e os Estados de Guerrero e Michuacán a oeste.

Teotihuacán, ou "onde os homens se tornam gigantes", era o centro de um "império". A ausência de sacrifícios humanos, de deuses belicosos que incentivassem a pilhagem, de cenas sangrentas nos murais da cidade e a rapidez com que foi destruída uma cidade daquela magnitude (numa data aproximada de 800 d.C.), provavelmente pelas mãos dos nahuas, nos transmitem a ideia de um império teocrático, comandado pelos sacerdotes de Quetzalcoatl. Os remanescentes fundaram uma nova cidade, perto da destruída, chamada Atzacapotzalco.

Lamentavelmente, não temos fontes para reconstruir a organização socioeconômica e política de Teotihuacán. O que possuímos são os pensamentos e as influências de Quetzalcoatl, que permaneceram na Mesoamérica após a destruição da cidade.

Pirâmide da Lua, em Teotihuacán, na Cidade do México.

Vista panorâmica das pirâmides de Teotihuacán.

Quetzalcoatl

Qual é a mensagem de Quetzalcoatl? Sua história é a busca incansável da realização humana. Quetzalcoatl não é um deus que desce à Terra para salvar os homens nem um deus que outorga favores. Quetzalcoatl é um fim, o fim do aperfeiçoamento interior, é um homem que se transforma em deus após conseguir se libertar do condicionamento da matéria. Ao transformar-se, mostra aos demais homens o caminho dessa transfiguração.

Estrela de Quetzalcoatl, peça datada do período entre os séculos X e XIV, hoje no Museu Nacional de Antropologia do México.

Esculturas do deus Quetzalcoatl decoram um templo em sua honra na antiga cidade de Teotihuacán.

Seu pensamento considera imprescindível escapar da determinação da matéria. Como? Libertando as faculdades criadoras do homem e não as destrutivas. A libertação se efetua sobre a natureza, considerada objeto do trabalho humano, trabalho criativo que a transforma em cerâmicas, esculturas, murais, etc. A cerâmica teotihuacana é caracterizada por uma infinidade de pequenas estátuas de homens em suas atividades transformadoras da natureza. Os conjuntos arquitetônicos da cidade tinham a mesma finalidade. Quanto aos sacerdotes de Quetzalcoatl, estavam submetidos a uma severa austeridade, possuindo um ritual que implicava uma espécie de "comunhão", "confissão dos pecados" e cremação dos corpos para alcançar a imortalidade, semelhante ao ritual cristão.

Os toltecas e os chichimecas

Os toltecas, tribos nahuas do norte, penetraram na Mesoamérica e construíram, no ano 908, um Estado que tinha por capital Colhuacán. Depois de um agitado período de convulsões internas, após o assassinato do soberano Mixcóatl (947), seu filho Topiltzin foi confirmado como novo rei-sacerdote, estabelecendo-se na cidade de Tula, ou "cidade das canas", e adotando o título de Quetzalcoatl.

Topiltzin-Quetzalcoatl assumiu a tarefa de levar ao seu povo os princípios clássicos da civilização teotihuacana. Melhorou os costumes guerreiros de seu povo, reformou a religião, eliminando ritos sangrentos, e aumentou a produção agrícola da região. Nessa tarefa, enfrentou os adoradores da antiga divindade tolteca, Tezcatlipoca.

A luta que se estabeleceu, segundo a tradição, entre o novo e o velho terminou com a vitória deste último grupo. O jovem rei se dirigiu para a península de Yucatán (região maia), onde o encontramos com o nome de Kukulkán. Foi o introdutor das ideias teotihuacanas entre os maias, um grande reformador dos costumes e da organização socioeconômica e política, como veremos no próximo capítulo.

Em 1194, o Estado tolteca estava chegando ao fim, debilitado por lutas internas e pela destruição de Tula após nova invasão de tribos nahuas. Chamados "os artífices" ou "os civilizados" pelos astecas, os toltecas introduziram os metais na Mesoamérica. Quase todos os deuses da Confederação Asteca lá fizeram aparição.

Com a destruição de Tula e a desarticulação do Estado tolteca provocada pela invasão de tribos nahuas chichimecas, começou na Mesoamérica um período de instabilidade que durou aproximadamente 250 anos, só terminando com a presença dos astecas.

Seguir a história das invasões chichimecas é seguir a história de cada tribo, de cada cidade destruída, dos múltiplos e efêmeros Estados que se destruíram mutuamente. Tomemos um exemplo do final do período. Em 1348, a cidade chichimeca de Azacapotzalco, no vale do México, destruiu a cidade rival de Colhuacán, da tribo colhuas, para ser então destruída em 1427 por uma coalizão de três cidades, uma das quais é sua antiga tributária, Tenochtitlán, capital dos astecas, da tribo mexica.

Os mexicas

Os mexicas, provenientes do norte, instalaram-se em Chapultepec, sobre a margem ocidental do lago Texcoco, no vale do Anahuac, hoje vale do México, numa data ainda não determinada. A mais antiga que possuímos, 1168, parece indicar o período em que o calendário asteca passou a ser utilizado no centro do México.

O vale do Anahuac estava ocupado por um bom número de cidades, dependentes da produção agrícola. O conflito pela terra de duas cidades em crescimento levou os astecas a enfrentarem a vizinha Colhuacán, numa guerra que terminou com a derrota dos mexicas, que se internaram no lago Texcoco, ocupando as ilhas interioranas. Vinte e sete anos depois, os astecas estavam solidamente instalados numa das ilhas, onde edificaram a cidade de México-Tenochtitlán, nome que significa "cidade dos mexicas de Tenoch", sobrenome de um de seus principais chefes.

Militarmente fracos, os mexicas pagaram tributos à cidade de Azcapotzalco até efetuarem uma aliança com as vizinhas Texcoco e Tlacopán, dando início à expansão asteca. Itzcoatl, chefe vitorioso, liderou a urbanização da cidade, construindo as pontes que uniram a ilha à terra firme. Foram edificados templos, casas, palácios e aquedutos. Montou-se a burocracia estatal e hierarquizou-se a religião.

As comunidades aldeãs continuaram sendo a base de sustentação do Estado. A união da agricultura com as cidades pode ser exemplificada pelo seguinte fato: Tenochtitlán não possuía rede de esgotos. As necessidades fisiológicas eram cuidadosamente depositadas em potes para serem utilizadas como fertilizante na agricultura. Nada melhor do que essa imagem para ilustrar a articulação entre a cidade e o campo. Em 1519, ano em que os espanhóis penetraram na capital dos mexicas, não fazia um século que Izcoalt morrera. Em 1521, quando foi destruída, Tenochtitlán tinha 1 milhão de habitantes.

Os povos da Confederação Asteca

Chamamos de Confederação Asteca o conjunto de cidades, povos, territórios ou Estados unidos aos mexicas em diferentes graus de subordinação. Sob a confederação, dividida em 38 províncias, conviviam povos de diferentes línguas, costumes e religiões. Entre eles sobressaem os zapotecas e os mixtecas, nas costas do oceano Pacífico, e os totonacas, no golfo do México.

Os zapotecas e os mixtecas

Os zapotecas se deslocaram durante anos pela costa de Vera Cruz, passaram por Tehuacán (hoje no Estado de Puebla) até se fixarem no vale de Oaxaca, onde construíram um centro religioso chamado pelos arqueólogos de Monte Albán, a poucos quilômetros de sua capital, Oaxaca.

A capital religiosa dos zapotecas era Mitla, sede do sumo sacerdote, o viganha, que exercia o cargo hereditariamente. Sendo celibatário, eram-lhe entregues durante determinadas festas religiosas jovens virgens para que fossem fecundadas. Entre os filhos, o viganha elegia seu sucessor. Os conhecimentos astronômicos, o calendário, a fonética, a escrita ideográfica, ainda não decifrada (uma das mais antigas da Mesoamérica), eram conservados e transmitidos pelos sacerdotes.

Os zapotecas eram hábeis artesãos. Trabalhavam, além do barro, o jade, o cristal de rocha e a pedra obsidiana. A comunidade aldeã era ainda mestra nas artes penárias e nas artes têxteis, utilizadas como pagamentos de tributo aos astecas, após sua conquista.

Os mixtecas ocuparam a região a oeste de Oaxaca, nas serras de Puebla e Guerrero. A arqueologia pouco tem colaborado para a reconstituição da vida desse povo, mas suas lendas e tradições sobreviveram, sendo uma das fontes mais importantes na reconstrução de sua história.

As cidades mixtecas chamaram a atenção dos espanhóis por sua disposição ordeira e por utilizarem pequenas pedras na montagem de suas vivendas. Essas pedras foram aproveitadas nas construções europeias, o que

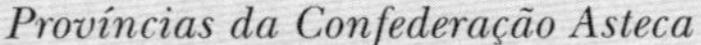

Províncias da Confederação Asteca

Imagem digital Conexão Editorial

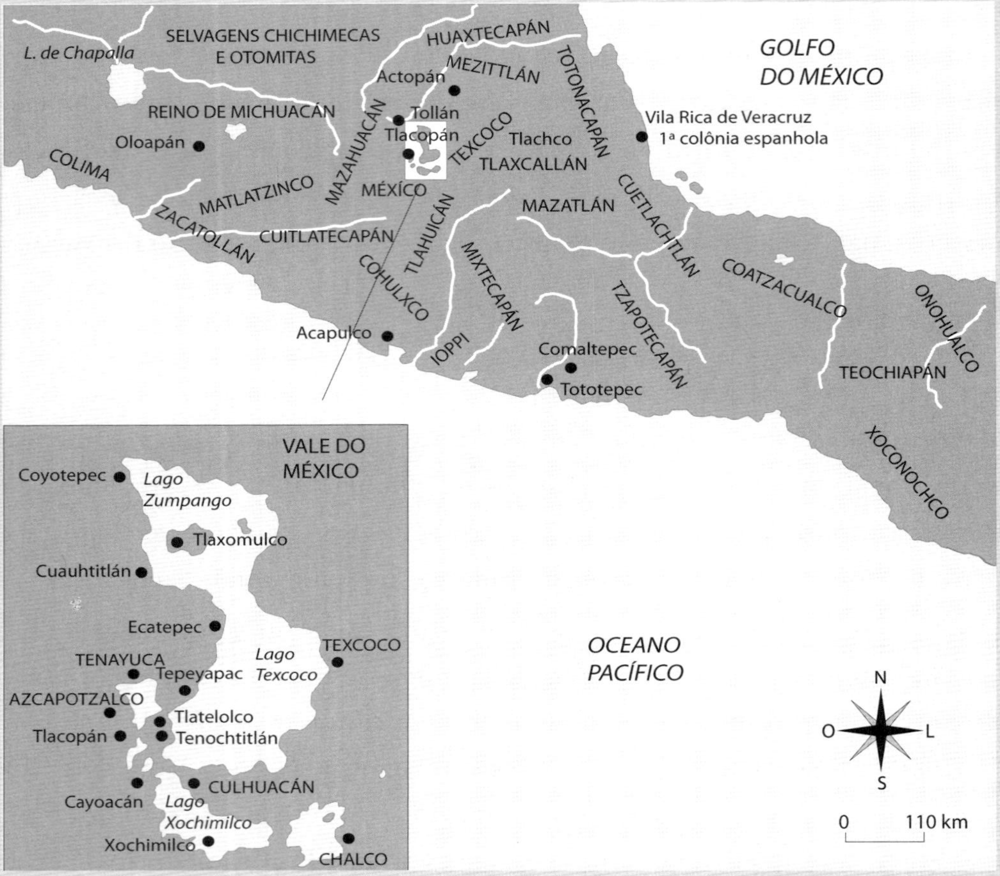

Base cartográfica: IBGE, 2007, p. 38. Fonte: *The Times Atlas of World History*, 1995, p. 144 (e dados do autor).

provocou o soterramento de muitas cidades mixtecas. A majestosa catedral de São João Batista de Coixtlahuaca foi erguida sobre uma pirâmide pré-colombiana, com as pedras dos palácios e vivendas que ficavam nos arredores.

Os mixtecas se consideravam "homens da terra", pela crença de que seus antepassados teriam surgido das árvores, das lagoas, da própria terra. A unidade religiosa não correspondia à unidade política: a região estava dividida em pequenas cidades-Estados que compartilhavam idioma e crenças religiosas, tendo em Achiutla a capital religiosa. Os sacerdotes interpretavam os sonhos, realizavam presságios, observações astronômicas e escreviam a história do povo. Os pergaminhos foram queimados pelos conquistadores e pela inquisição espanhola, empenhada em destruir tudo o que fosse "profano".

Os toltecas influenciaram profundamente os mixtecas no tempo em que guerrearam contra os zapotecas, conflito que terminou com a ocupação de Monte Albán. No século XV, os astecas atacaram repetidamente os mixtecas, que se aliaram aos zapotecas para enfrentarem tão poderoso inimigo, ao mesmo tempo que unificavam seus exércitos. Quando os navios europeus se aproximaram do México, fazia apenas alguns anos que os mixtecas tinham sido dominados.

Os totonacas

As terras totonacas, no golfo do México, estendiam-se desde Taxpan, ao norte, até o rio Atoyac, ao sul, nos atuais Estados de Puebla e Vera Cruz. O sítio arqueológico mais importante se encontra nas ruínas de El Tajin, cuja prosperidade acompanhou o primeiro período de esplendor totonaca, entre os anos 600 e 1800 da nossa era.

O fim desse período é marcado pelo abandono de El Tajin, provocado pela invasão dos toltecas. O segundo período se caracteriza por um permanente combate aos astecas, atacando duramente o território mexica, o que provocou a ocupação militar por tropas astecas após sua derrota.

Os totonacas exerceram amplo comércio de machados, *yugos* e palmas por toda a Mesoamérica. Os machados, em forma de cabeça humana, eram utilizados provavelmente para raspar o cabelo, característica totonaca. Os *yugos* eram ferraduras de pedra talhada, cuja serventia não é conhecida. A função das palmas, esculturas de pedras achatadas, com relevos em ambos os lados representando vegetais, tampouco é conhecida.

Dos totonacas, o folclore conserva até hoje o jogo do voador, realizado com quatro participantes amarrados nos tornozelos por longas cordas ligadas a um pequeno tambor giratório, colocado na extremidade superior de um poste de 25 m de altura. Os participantes se lançam ao espaço girando numa espiral voadora. O simbolismo do jogo consiste em representar as pessoas sagradas que guardam os quatro pontos cardeais.

Ocupados militarmente, tendo que pagar cada vez maiores tributos aos dominadores astecas, os totonacas receberam os espanhóis como libertadores. Os habitantes da cidade-Estado de Tlaxcala transformaram-se em fiéis aliados dos conquistadores, sem saber que estavam cavando a própria sepultura.

Os astecas, porém, não constituíram uma organização militar imbatível. Entre os povos que não se submeteram, merecem destaque especial os tarascos, da região do Estado de Michoacán. Existem informações referentes aos anos anteriores à conquista espanhola, mas os registros se perdem à medida que retrocedemos no tempo.

Os tarascos surgiram da fusão de tribos sedentárias e agrícolas que habitavam a região do lago Patzcuaro com o grupo de chichimecas provenientes do norte. Essa fusão se realizou numa data anterior ao século XII. No ano da conquista espanhola, os tarascos haviam conseguido construir um Estado centralizado em Michoacán.

Estrutura social dos astecas

Entre as comunidades aldeãs e o poder central existia o *tecuhtli*. Supõe-se que esse chefe representava a comunidade perante o Estado, mas com a burocratização aconteceu justamente o inverso: o *tecuhtli* passou a representar o Estado diante da comunidade.

O *tecuhtli* era responsável pela distribuição da terra e respondia pela ordem pública. Recebia do Estado terras para cultivo de subsistência, o que não o tornava proprietário, pois elas continuavam pertencendo ao Estado. A comunidade aldeã devia fornecer os trabalhadores necessários, sendo que a produção das terras do *tecuhtli* estavam livres de tributos.

Nas aldeias, existia o *calpullec*, escolhido pela comunidade e encarregado de manter o registro das terras coletivas.

O imperador – o *tlatoani* – era rodeado por quatro dignitários, em geral familiares, com funções essencialmente militares. Não eram cargos herdados por uma família de nobres, mas postos ocupados por aqueles que se destacavam na guerra, premiados pelo deus Huitzilopochtli. Numa sociedade em que a fonte de recursos é o tributo conseguido por meio da guerra, é ela que determina a ascensão social.

Apesar de não possuírem um cargo hereditário, os filhos dos *tecuhtli* adquiriam vantagens consideráveis: o direito a uma educação superior e a possibilidade de serem nomeados funcionários do imperador. A educação variava de acordo com o cargo e tendia a criar um determinado tipo de homem capaz de responder simultaneamente às necessidades produtivas da sociedade e às exigências da estrutura de dominação.

Os sacerdotes estavam livres da guerra e da administração, mas tinham a tarefa de construir, consertar e conservar os templos, manter o fogo sagrado, oferecer tributos e consultar as estrelas. Essa última função estava ligada ao calendário, que por sua vez determinava o ritmo da agricultura e o futuro de toda a comunidade.

Para os astecas, a guerra possuía um caráter econômico, porque gerava tributos, mas devia seguir um ritual religioso, imposto pelos sacerdotes de Huitzilopochtli. Os negociadores sempre precediam os guerreiros, propondo a submissão das cidades que se pretendia conquistar.

Se os entendimentos falhassem, os soldados entravam em ação, com a preocupação fundamental de não queimar as cidades e de fazer o maior número possível de prisioneiros, que serviriam como medida da vitória e para obter recompensas individuais. A maioria tinha o coração extraído num ritual de sacrifício ao deus asteca. A vitória significava a primazia de Huitzilopochtli sobre os deuses locais.

Os submetidos deviam, além de pagar tributos, fornecer soldados para dominar outros povos, sendo-lhes vedado qualquer tipo de aliança com estrangeiros, tendo ainda de submeter seus litígios aos tribunais de Teotihuacán.

Os tributos variavam de acordo com as províncias e a forma da conquista. Os arrecadadores, chamados *calpixques*, percorriam as regiões da confederação, controlando e arrecadando os tributos fixados pela capital. Calcula-se que chegavam anualmente a Teotihuacán 7.000 toneladas de milho, 4.000 de feijão, 36 de pimenta, 21 de cacau, 2 milhões de mantas de algodão, mel de abelha, anáguas, saias, algodão natural, armas, penas, madeira, cal, tinturas, perfumes, etc.

A economia da Confederação Asteca se baseava na comunidade aldeã, ou *calpulli*, proprietária coletiva da maior parte das terras. Cada família tinha direito a um lote medido de acordo com o número de seus integrantes. Caso não fosse cultivada, a terra retornava à comunidade para ser redistribuída. Além de trabalhar no lote familiar para a autossuficiência, os camponeses também se ocupavam dos campos destinados a fornecer tributo, bem como das terras outorgadas pelo Estado para uso da nobreza, os *tecuhtli*.

O Estado se preocupava diretamente com o crescimento demográfico: quem cometesse o aborto, bem como o infanticídio, era castigado com a morte. Os adúlteros podiam ser degolados (era fundamental manter a estrutura familiar) e era proibido o casamento entre pessoas divorciadas, bem como o uso de roupa do sexo oposto.

Aos chefes guerreiros que se destacavam em combate, o poder central cedia terras para seu usufruto. No entanto, essas terras podiam ser alienadas a qualquer momento. Sua manutenção dependia de favores reais. Essas propriedades também eram trabalhadas por mão de obra fornecida pelas aldeias, bem como pelos *tlatlacontin*, muitas vezes confundidos com escravos.

Os *tlatlacontin* representavam a camada mais baixa da população mexicana, sendo remanescentes das civilizações ou povos desaparecidos. Podiam ser vendidos no mercado (seu valor médio era de 20 mantas), o que não os impedia de virem a se tornar homens livres, fosse por meio do casamento (tanto homem como mulher) com alguém de outra camada, fosse por favor de seu senhor.

Em troca de casa, comida e proteção, os *tlatlacontin* trabalhavam a terra da alta hierarquia asteca, cujo produto era literalmente apropriado por ela. A propriedade coletiva estava longe de ser absoluta na época da chegada dos espanhóis, o que coloca a questão da evolução do modo de produção tributário como um processo abortado pela conquista europeia.

Os *meyeques* eram outro tipo de mão de obra. Por castigos de origens diversas, os homens expulsos do *calpulli* trabalhavam a terra dos dignitários numa espécie de servidão pela vida, sem o caráter hereditário dos *tlatlacontin*. Os *meyeques* já haviam começado a receber pagamento pelo seu trabalho na época da chegada dos espanhóis.

Os astecas, com o objetivo fundamental de conquistar para extrair tributos, não destruíram os povos submetidos nem substituíram uma classe dominante local por outra de origem mexica. Os astecas eliminavam a estrutura militar, mas mantinham intactas as estruturas socioeconômicas.

As comunidades aldeãs permaneciam sendo a célula econômica do Estado. Durante quatro ou cinco meses, os camponeses cuidavam da colheita, que lhes fornecia alimentos para manter a comunidade, a classe de sacerdotes, os funcionários e os militares. Nos oito meses seguintes, dirigidos pelo Estado, trabalhavam nas cidades ou nas obras que permitiam o aumento da produção agrícola.

O segredo das grandes civilizações americanas era a possibilidade de dispor de grandes contingentes humanos, sem separá-los da produção. A isso devemos somar a extraordinária produtividade do milho, aliado a outros cereais e tubérculos como a batata e a mandioca, junto com a domesticação de animais.

No vale do México, o milho possibilitou a subsistência de uma população estimada em 25 milhões de habitantes. Também conseguiram domesticar o peru e uma raça especial de cachorro existente à época na Mesoamérica. Na região dos Andes, a lhama e a alpaca, utilizadas também para o transporte de pequenas cargas, permitiam o consumo de carne fresca.

O Estado extraía tributo das comunidades aldeãs. Esse mecanismo permaneceu inalterado com a dominação asteca, só variando quanto ao valor escolhido, que teve de ser multiplicado, pois, além de ter que redistribuí-lo entre as comunidádes (para o sistema não entrar em colapso), o Estado devia desviar para Teotihuacán parte desse excedente econômico.

A história de cada povo da Confederação Asteca possui sua especificidade, mas quase todos eles têm uma coisa em comum: o modo de produção tributário.

Considerações gerais

O estudo do sistema tributário, da estratificação social e das formas de propriedade entre os astecas permite afirmar que a base dessa sociedade era o modo de produção tributário.

Quais são os indícios de uma possível evolução do modo de produção tributário? Existia a propriedade privada entre os astecas? Qual era o papel dos comerciantes na sociedade?

A única propriedade que hipoteticamente poderia ser considerada privada eram as terras entregues à nobreza pelo Estado como recompensa pelos serviços prestados. Essas terras, chamadas *pillalli*, apareciam juridicamente como concessão, e não como propriedade privada. O nobre só era "proprietário" enquanto continuasse prestando serviços ao Estado, que poderia reclamar sua posse a qualquer momento.

Da mesma forma que a comunidade aldeã estava unida ao Estado, a nobreza também pertencia a essa comunidade superior. O nobre, como participante da classe-Estado, somente se tornava proprietário por meio do Estado. Por isso, não é possível falar em propriedade privada, nos moldes europeus, na sociedade asteca.

As últimas pesquisas confirmam o aparecimento de rendeiros e o aumento dos trabalhadores desligados da comunidade aldeã, os *meyeques*. Por sua vez, a nobreza na época do último *tlatoani*, Montezuma, ensaiava os primeiros passos de um distanciamento progressivo do Estado, tendência cortada pela presença do europeu.

No século XVI, os mercadores, ou *pochtecas*, tinham adquirido vantagens consideráveis do Estado pelos serviços prestados na expansão militar. A incorporação de novos territórios era precedida pela penetração dos comerciantes. Quando os *pochtecas* regressavam de suas viagens, além de mercadorias, traziam detalhadas informações das regiões percorridas, comunicadas aos diplomatas e aos guerreiros.

Na capital dos astecas, existia um grande mercado onde a população fazia intercâmbio de mercadorias e onde os mercadores vendiam seus produtos, tendo como valor referencial mantas de diferentes tamanhos. O interessante é que, apesar de não utilizarem carroças, foram encontradas pequenas molduras com veículos de rodas.

Apesar de os *pochtecas* procederem dos *macehuales*, quer dizer, provinham de gente "do povo", conseguiram uma posição de destaque na fechada sociedade asteca. Veremos no próximo capítulo os contatos comerciais com os maias.

Por intermédio da coação religioso-militar, o Estado asteca impunha tributos a outros Estados (agora províncias), sem destruir sua base político-econômica, que era o modo de produção tributário. As comunidades passaram a ser duplamente exploradas, por uma classe-Estado local e por uma classe-Estado asteca, dupla exploração ocultada pela religião. Não é o Estado mais forte quem vence, é o deus mais poderoso.

Para justificar a utilização do conceito de confederação, relatamos como foi montada a estrutura política da civilização asteca. Explicamos como acontecia a articulação de um Estado central com Estados tributados. Não nos detivemos numa análise mais profunda da superestrutura, porque sobrecarregaríamos estas primeiras páginas, ultrapassando os objetivos específicos do capítulo.

Nossa tarefa foi discutir o conceito de modo de produção tributário, colocar algumas implicações na utilização deste, analisar se o Estado asteca se baseava sobre esse modo de produção, e, finalmente, ver qual era a superestrutura política dessa sociedade.

Uma questão que gostaríamos de colocar, e cuja resposta ultrapassa os limites desta obra, é por que o modo de produção tributário foi a antessala do subdesenvolvimento. Se é possível falar de um certo estancamento das forças produtivas, não é possível dizer a mesma coisa da superestrutura. Por esse caminho podemos agora prosseguir.

Recipiente maia em argila representando um servo que oferece uma bebida ao rei.
A peça se encontra na galeria Edward H. Merrin, em Nova York.

3- Auge e decadência das cidades-Estados maias

Dizíamos, páginas atrás, que a historiografia tinha transformado a Europa no "espelho do mundo" ao pretender que a sucessão cronológica dos modos de produção existentes naquele continente fosse válida para os povos americanos, asiáticos e africanos. A controvérsia sobre o modo de produção asiático, visto por alguns como uma variante do feudalismo, e por outros como modo de produção específico, atravessou o tempo e se instalou nas discussões sobre a América pré-colombiana.

O que existe por trás dessa polêmica é a possibilidade de alcançar o socialismo sem cumprir as cinco etapas percorridas pelas sociedades europeias. Procuramos demonstrar que, se é possível falar de um relativo "estancamento" do modo de produção tributário, considerando os séculos durante os quais esse modo de produção se manteve pouco alterado, enquanto a Europa cumpria um desenvolvimento econômico mais acelerado, não é possível falar de um estancamento cultural. Basta para isso comparar as cronologias

No modo de produção tributário existe uma relativa independência da infraestrutura em relação à superestrutura, por isso não é correto falar da suposta inferioridade dos povos americanos diante do europeu. Ficará comprovado neste texto que o modo de produção tributário estava evoluindo, ainda que lentamente, rumo a outros modos de produção, mas esse processo foi interrompido com a chegada dos espanhóis.

Nos astecas, a camada de comerciantes em ascensão e a apropriação pelo Estado das terras comunais são indícios suficientes para comprovar essa afirmação. E no caso dos maias?

A história se apresenta como um lento processo de separação entre o homem e a natureza. Nas comunidades aldeãs, a terra é vista como um prolongamento de seu ser. A terra e seu trabalho são vistos como unidades inorgânicas. Essa condição de indivíduo natural não é algo que ele tinha produzido, mas algo que encontrou a seu alcance, existente na natureza e que ele pressupõe como uma unidade.

Expansão máxima da civilização maia

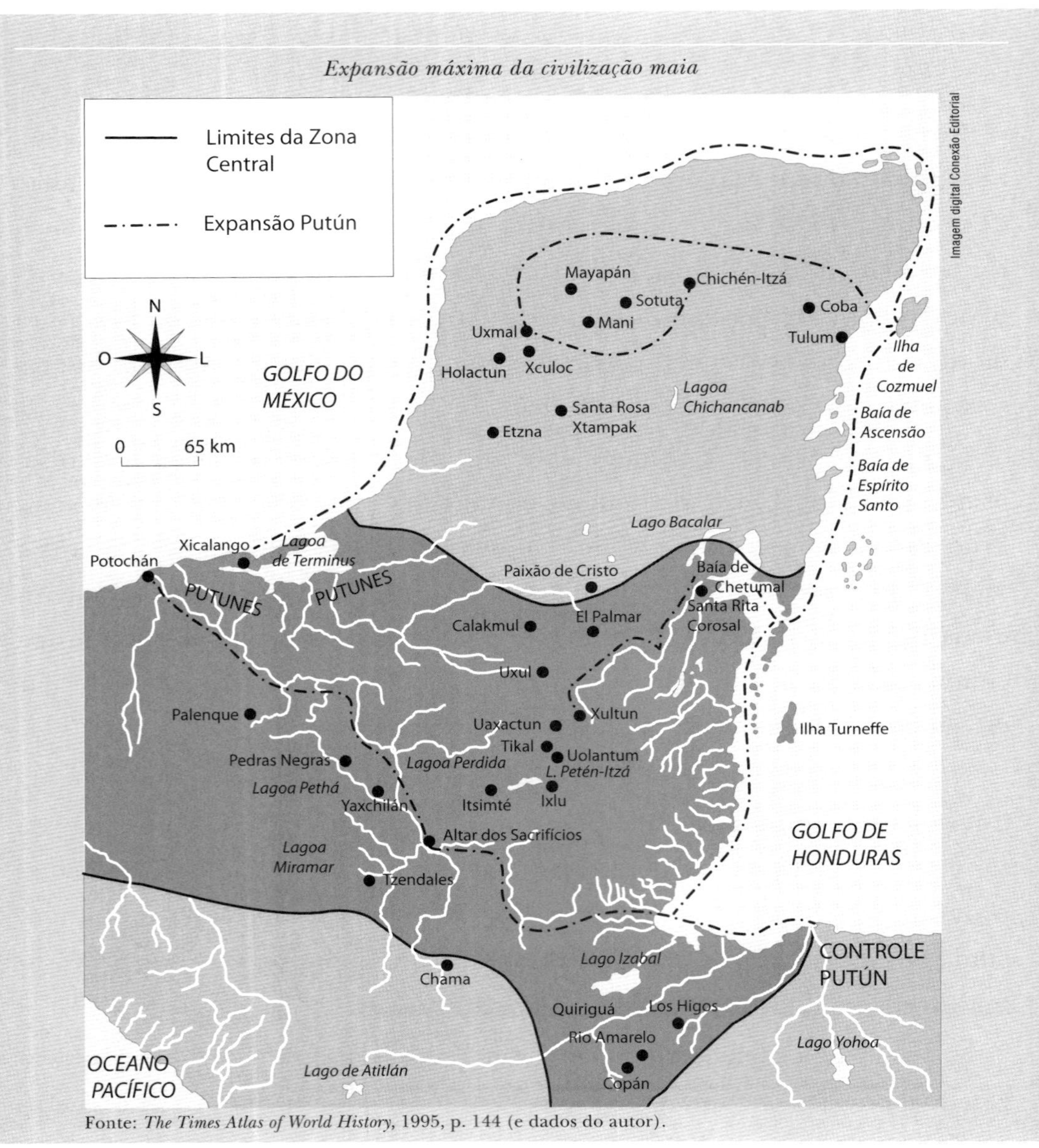

Fonte: *The Times Atlas of World History*, 1995, p. 144 (e dados do autor).

O homem e a natureza se entrelaçam mediante o trabalho. A finalidade dessa interdependência não é a criação de um valor de troca; possui apenas uma significação de valor de uso para o desfrute, embora a natureza possa ser trabalhada de modo a trocá-la por produtos excedentes alheios. O homem pré-colombiano pertence subjetivamente a uma comunidade, que serve de mediação em suas relações com as condições objetivas de apropriação comum.

Desse modo, o homem apresenta uma relação objetiva com a natureza e subjetiva com a comunidade. A história é a história da separação dessas condições de existência – que podemos chamar "inorgânicas" – para um viver ativo. Essa separação é completada, plenamente, na relação entre o trabalho assalariado e o capital.

O progresso da técnica e da divisão social do trabalho permite ao homem dominar a natureza, mas ao mesmo tempo o separa dela. Esse afastamento das condições naturais se expressa socialmente no aparecimento das classes sociais, quando uma minoria se distancia do processo produtivo e se apropria do trabalho alheio. O homem, para explorar a natureza, passa a explorar outros homens.

No modo de produção tributário das comunidades aldeãs, encontramos a unidade entre o homem e as condições naturais de trabalho. Ao mesmo tempo, existe uma unidade superior que aglutina as comunidades e o Estado – o qual extrai o excedente econômico, por meio do tributo – sem modificar a estrutura da comunidade, sem dissolver os laços comunais. Mas a presença do Estado, e da sociedade de classes, marca o início da separação entre o homem e suas condições naturais de existência.

O direito das comunidades ao uso da terra torna difícil a libertação da mão de obra e, por conseguinte, sua evolução. Difícil não significa impossível. No modo de produção tributário existe uma impossibilidade de separar classe superior, que se apropria do excedente econômico, e classe política dominante. As relações de propriedade estão imbricadas no conceito de relações de produção, que significa as relações sociais determinadas pela organização da produção.

O modo de produção é um conceito teórico, que não existe na realidade em sua forma pura. A prática combina os elementos essenciais de um modo de produção em formações sociais diferentes. Por isso, o modo de produção tributário apresenta variações históricas concretas que denominamos atrasadas, avançadas e mercantilizadas.

As formações sociais atrasadas são aquelas em que o tributo não mercantil de origem interna é considerado pobre (seja pela fraqueza da estruturação do Estado-comunidade, seja por razões ecológicas). Tal é o caso dos mixtecas, no México, e da maioria das civilizações antigas.

Quando o excedente interior é elevado, denominamos essa formação social tributária de avançada. Compreende as grandes civilizações, sobretudo Egito, China, os Astecas e os Incas. O terceiro grupo, das formações tributárias mercantilizadas, tem aparecido durante períodos mais ou menos longos. Não existe aqui nenhum evolucionismo: uma sociedade poderá decair da formação social tributária mercantilizada para a avançada e para a atrasada, tal como aconteceu com os maias.

As formações tributárias mercantilizadas comercializam parte de seu excedente econômico, controlando os circuitos comerciais a longa distância, que colocam em contato formações sociais diferentes. Dependendo da maneira como o excedente econômico é transferido, se isso é obra da própria classe-Estado (como a rama putum dos maias) ou de uma camada de comerciantes, de acordo com a forma como o lucro é redistribuído pelo corpo social, estaremos em presença de tipos diferentes de formações sociais. Cabe ao pesquisador determiná-las.

Nesse conjunto de formações sociotributárias, a dos maias pode ser caracterizada como tributário-mercantilizada. Vejamos a seguir um pouco da história desse povo.

Colunas de um edifício maia na cidade de Chichen Itzá, em Yucatán, no México.

Album / Ketan Raventós / Prisma / Latinstock

Breve história dos maias

O maia e o quiché são idiomas ricos dos quais derivam inúmeros dialetos. O maia se falava preferencialmente na península do Yucatán e nas regiões baixas e quentes do Petén, na Guatemala, enquanto o quiché era falado no norte do México, em Belize e demais regiões da América Central.

A história da região maia-quiché pode ser dividida em três fases. Na primeira, grupos de totonacas, os primeiros habitantes do México, percorreram o território caçando, pescando e recolhendo o que a natureza lhes oferecia. Perto do ano 900 a.C., iniciou-se o lento processo de sedentarismo (fixação do homem num determinado espaço geográfico), que com a descoberta do milho e a influência olmeca adquiriu um ritmo mais acelerado.

Na segunda fase (317 a 987 da nossa era), os maias aglutinaram-se na região central da península, de onde a arqueologia recuperou, das florestas tropicais, as cidades de Uaxactun e Tikal (ao norte do lago Petén Itzá).

Esse período, denominado comumente Antigo Império, recebeu a influência da cultura izapa, surgida nas costas da Guatemala, sobre o Pacífico, que teve maior esplendor no ano 600 a.C. Izapa, por sua vez, sofreu a influência olmeca do México, e de Chorrera, no Equador, como se fosse um ponto de contato entre a América do Sul e a América Central.

O que se discute ainda é a procedência e a origem de Izapa. Falávamos, no capítulo anterior, da procedência do homem americano e da proeza dos polinésios em alcançar com suas frágeis embarcações a América do Sul. Não sabemos os motivos que os fizeram abandonar suas ilhas no Pacífico, nem se Izapa se desenvolveu graças à sua presença, nem o porquê de sua decadência.

A terceira fase, ou Novo Império, abrange os anos de 987 a 1697, localizando-se no sul do Yucatán, que desde o século V começara a ser ocupado. A arqueologia tem desmentido a ideia de que o Novo Império nada mais é que um prolongamento do Antigo. As influências mexicanas no Novo e de Izapa no Antigo provocaram diferentes conceitos arquitetônicos e diferentes visões de mundo.

No final dessa última fase, os conglomerados urbanos deixaram de ser pacíficos centros religiosos para se transformar em cidades amuralhadas e belicosas, desconhecidas no período anterior. Segundo a crônica indígena do Chilam Balam, recolhida durante a conquista, o Novo Império data de 987, ano em que chegaram ao Yucatán "homens estranhos vindos do norte", que se impuseram aos habitantes locais.

Os recém-chegados vinham de Tula e seu chefe era chamado Kukulkán, que se identifica com o tolteca Quetzalcoatl (ambos significam "serpente emplumada" em língua maia e nahuatl). Grande transformador e introdutor do pensamento teotihuacano, foi o responsável pela transformação de Chichén-Itzá no centro religioso dos maias. Fundou uma cidade que chamou Mayapán ou "capital dos maias", e deixou-a sob o comando da família Cocom.

Na mesma época, outra tribo procedente do México, os xiues, fundou a cidade de Uxmal. Completou-se assim o ciclo da construção das três cidades-Estados que estabeleceram, no ano de 1004, a Confederação Maia: itzaes em Chichén-Itzá, cocomes em Mayapán e xiues em Uxmal. Diz a crônica que Kukulkán-Quetzalcoatl se retirou da mesma forma que havia chegado.

Durante 200 anos, cresceram as cidades e se multiplicaram os povoados. A arte floresceu, principalmente em Chichén-Itzá, onde as representações dos guerreiros tigres e dos guerreiros águias perduram até hoje com todo seu esplendor. Quetzalcoatl é representado como a cobra com cabeça de tigre, garras de jaguar e penas de águia. Quetzalcoatl é o homem-jaguar-pássaro-serpente, união de elementos contraditórios.

A guerra que estourou entre as cidades-Estados confederadas após a paz de Quetzalcoatl levou o Yucatán à decadência. Mayapán, contratando tropas mercenárias, derrotou os soldados de Chichén-Itzá. Sua vitória significou a consolidação de uma tendência à erradicação da influência tolteca na área maia. O culto a Kukulkán-Quetzalcoatl desapareceu.

A história dos maias está marcada, nessa etapa, pela centralização em Mayapán, concretizada mediante a intervenção dos guerreiros. As cidades foram ocupadas e seus chefes obrigados a residir na capital. Transformados em reféns, os chefes locais foram substituídos em suas funções por delegados nomeados por Mayapán.

Essa situação foi alterada com a revolta liderada pelos chefes reféns, que provocou o incêndio da cidade e a morte dos componentes da família governante, os cocomes. A crônica diz que apenas um escapou, pois estava fazendo comércio em outra localidade. Após o incêndio de Mayapán (1441), o Yucatán foi dividido numa dúzia de reinos, que lutaram permanentemente entre si.

Além dessa desagregação, acontecimentos calamitosos faziam prever o fim. O ano de 1464 foi marcado por furacões e o ano de 1480, por epidemias. A desestruturação do aparelho produtivo, seu impacto sobre o corpo social, e por decorrência sobre o organismo humano, debilitou a resistência biológica, provocando um grande surto de peste em 1516. Quando os espanhóis chegaram a Yucatán, cocomes e xiues estavam se enfrentando numa costumeira guerra civil. Entre 1540 e 1546, os espanhóis ocuparam Yucatán e, em 1697, Petén.

Esse parágrafo de datas teve por finalidade demonstrar o estado em que se encontrava a civilização maia na época da conquista. Quais os motivos reais da decadência? Guerras, pestes, ciclones, entre outros, podem ser arrolados para justificar o colapso, mas a causa fundamental deve ser procurada na agricultura.

A decadência da civilização maia

Na época de maior expansão, o Antigo Império aglutinava 19 cidades, abandonadas paulatinamente à medida que se efetuava o deslocamento para o norte do Yucatán. No ano 1000, as cidades estavam desabitadas e os campos, abandonados. Quanto ao Novo Império, em 1500 os sinais de decadência eram notórios. Quais foram os motivos que levaram a civilização maia à desestruturação?

Para abandonar explicações metafísicas, determinismos geográficos ou enfoques não científicos, devemos procurar na História uma explicação central que transforme mudanças meteorológicas, epidemias, guerras ou

JOHAN ORDONEZ/AFP/Getty Images

Vista de templos maias no sítio arqueológico de Tikal, na Guatemala.

terremotos em consequências do problema central, que deve ser procurado na agricultura.

O modo de produção tributário exige que as comunidades aldeãs extraiam da terra o alimento necessário para sua autossustentação e a manutenção da classe-Estado. Ora, a península do Yucatán é uma região rochosa, sem grandes rios, onde a terra vegetal constitui apenas uma fina camada de alguns centímetros.

Para evitar o esgotamento da terra, tornou-se necessário aplicar uma rotatividade nos plantios. Esse sistema permite à terra descansar para recuperar a sua fertilidade, mas, ao mesmo tempo, limita as possibilidades de aumentar a área cultivada, numa época de aumento populacional.

A exigência de novas terras para cultivar provocou, no Antigo Império, o deslocamento populacional rumo ao norte. Para o Novo Império, a saída foi a guerra, como forma de estender o controle das cidades sobre um território maior. Estamos diante das limitações impostas pela natureza. A ecologia cumpre um papel muito importante no pré-capitalismo.

Deixemos que um especialista (Léon Pomer) explique com maior precisão:

> Ao norte do Yucatán, lugar em que as técnicas agrícolas não diferem das que os maias usavam, cada família (com uma média de cinco pessoas) precisava de 72 acres para subsistir. No entanto há uma ressalva: somente 12 acres podiam ser cultivados, enquanto os outros 60 restantes deviam descansar 10 anos para recuperar a fertilidade. Trata-se, então, de utilizar a terra fazendo uma rotação das plantações, aproveitando uma parte mínima do total possuído. Uma aldeia de 100 famílias (500 pessoas) precisava de 7.200 acres. Nas altas terras da Guatemala (região de florestas com poucos vales férteis), uma família indígena necessitava, frequentemente, de 100 a 200 acres para subsistir, e, às vezes, até de 500 a 2.000 acres de acordo com a qualidade da terra.

Com as técnicas agrícolas utilizadas pelos maias, é possível diminuir de 72 acres de terra para cada família para 36. O território da Mesoamérica suportaria uma população de 40 milhões? A explicação deve passar pela produtividade do milho, que permitia uma alimentação decente durante a safra e a entressafra. Mas essa produtividade também está condicionada à disponibilidade de terras férteis. Foi essa limitação que provocou o colapso da civilização maia.

A estrutura social

Os produtores de riquezas eram chamados *mazehualob*, que significa "classe inferior". Trabalhavam na agricultura e na construção das cidades, transformando-se em artistas, pintores, escultores e profissionais de áreas semelhantes no período da entressafra. Moravam nas periferias dos centros urbanos e se deslocavam a pé para o trabalho no campo. A necessidade de integrar novas terras produtivas cada vez mais afastadas provocou longas e cansativas caminhadas, desde onde residiam até os setores agrícolas.

Na escala superior da hierarquia social se encontravam as famílias reinantes, cuja origem remonta à fundação da cidade-Estado. O chefe supremo, ou *halach uinic* (que significa "homem verdadeiro"), procedia da família mais importante.

Seu cargo era hereditário e recaía sobre o primeiro filho homem. Junto a ele, encontramos o sumo sacerdote, ou *ahucan*. Ao que tudo indica, o poder sagrado também foi monopolizado hereditariamente por uma mesma família.

Além de preencher os quadros burocráticos, sacerdotais e guerreiros, as famílias dos funcionários que ocupavam altos cargos se dedicavam a preservar a história dos chefes e a de seus antepassados, escrevendo suas façanhas, traçando a árvore genealógica, relatando fatos reais ou imaginários. Essa função era importante para mostrar os serviços prestados ao Estado na hora da escolha de algum funcionário. Entre eles, o chefe supremo nomeava os Conselheiros de Política Exterior (os conselheiros o representavam nas comunidades locais), os *batabs* e os chefes militares.

Os *batabs* eram os administradores das aldeias e das cidades subordinadas – administradores e magistrados. Sua nomeação recaía sobre os aprovados num exame de qualificação, destinado a revelar aptidões e conhecimentos gerais recebidos na família. Obviamente, quem podia receber conhecimentos históricos, astronômicos ou matemáticos (os maias conheciam o zero e seu sistema era vigesimal), quem podia dar os primeiros passos na arte de ler e escrever, quem podia calcular e projetar os sistemas de cultivo não eram os *mazehualob*.

Com o passar do tempo, o exame foi perdendo validade e o cargo de *batabs* passou a ser hereditário. O administrador não cobrava tributo, o que era entregue diretamente ao chefe supremo num ritual que envolvia

Cópia de uma pintura de parede feita a partir de uma ruína maia, mostrando sacerdotes e nobres acima de uma procissão religiosa.

The Bridgeman Art Library / Keystone

Mark Karrass/Corbis/Latinstock

Pirâmide de Kukulkán, na cidade Chichén-Itzá, vista do Templo dos Guerreiros.

a religião. Mantido pelas aldeias, o *batabs* dirigia os cultivos, controlava as cotas dos tributos e comandava as tropas em tempo de paz.

Na guerra, os soldados eram liderados pelo *nacom*. Esse chefe militar era eleito por três anos, período em que devia se abster de carnes e relações sexuais. Pode-se perceber como o pagamento do tributo ou o desempenho de algum cargo dirigente era encoberto por uma fumaça de misticismo, fazendo com que a exploração fosse dissimulada. As sociedades maia, inca e asteca eram revestidas de um caráter sagrado; a religião participava intimamente do cotidiano dos povos. Todas as funções dirigentes ganhavam legitimidade graças ao ritual religioso que as cercava.

A comunidade estava representada nessa estrutura social por um Conselho, no qual tinha lugar reservado um representante de cada bairro. Por exemplo, Chichén-Itzá estava dividida em quatro bairros, sendo que cada um elegia seu representante no Conselho entre as famílias mais importantes, e, dentro delas, indicavam-se aqueles que mais se destacavam na vida pública da cidade. Os habitantes dos bairros da cidade se identificavam com seu cacique, com suas façanhas contadas pelas famílias, a ponto de colocarem após seu sobrenome o do cacique, interiorizando na sua consciência a dominação. Novamente estamos em presença da ideologia encobrindo a exploração, que era também coercitiva. Em cada vila ou povoado, existia um delegado policial, o *tupil*, encarregado de manter a ordem e de fazer cumprir as leis.

Dentro da camada sacerdotal, existia uma diferenciação entre aqueles que faziam e os que colaboravam com o culto. Os sacerdotes eram os depositários da sabedoria. Seus conhecimentos de medicina causavam espanto aos europeus. Os medicamentos feitos com ervas e raízes, bem como as cirurgias feitas num clima de misticismo, não invalidam seu caráter "científico". Nem os espanhóis nem a Inquisição entenderam dessa forma. A pretexto de acabar com heresias, destruíram o conhecimento acumulado durante séculos.

Os maias possuíam um calendário solar de 365 dias, divididos em 18 meses de 20 dias (mais cinco dias que completavam o ciclo), e um calendário religioso de 260 dias divididos em 13 meses de 20 dias. O calendário demonstra um conhecimento excelente dos astros para quem não conhecia o telescópio. O calendário estava intimamente ligado à agricultura, porque permitia determinar o que e quando plantar, além da época da colheita.

Além dos sacerdotes, encontramos entre os maias os adivinhos ou *chilanes*, que eram porta-vozes dos deuses. Utilizavam diferentes drogas para entrar em transe (a mais importante era o fungo tóxico). As drogas também tinham papel na cura de doenças, tanto para anestesiar o paciente como para atingir a psique deste.

Durante séculos, o tabaco foi utilizado na América para fins medicinais e rituais religiosos. Envolvido em folhas de milho e aceso com os raios de sol concentrados por um vidro, fazia as vezes de cigarro. Para fins medicinais, misturava-se o tabaco com cal. Os sacerdotes indicavam esse último método para transtornos intestinais, febres, infecções urinárias ou como compressa para neutralizar mordida de cobra. Os espanhóis transformaram o plantio religioso do tabaco num flagelo para as comunidades aldeãs.

No Antigo Império, encontravam-se escravos que não eram destinados à produção. As guerras constantes no Novo Império provocaram o desvio da mão de obra do campo para as atividades bélicas e a utilização de escravos nas construções militares. Na Guatemala, os quichés estavam evoluindo para o escravismo. As lutas para a obtenção de escravos foram

Atlantide Phototravel/Corbis/Latinstock

O Caracol, ruínas do famoso observatório astronômico maia de Chichén-Itzá, no México.

interrompidas por um conflito ainda maior: a guerra contra os espanhóis. O indivíduo era escravo por ser cativo de guerra, por ser filho de escravo, por ser órfão de pai e mãe, por compra ou por troca. Os maias montaram uma estrutura comercial a longa distância, como veremos a seguir, mas não temos notícias de que esse comércio incluísse escravos.

Os putunes: mercadores da Mesoamérica

Chamados de mercadores da Mesoamérica pela historiografia, os putunes eram excelentes navegadores e dominaram as vias marítimas e fluviais da região maia. A partir de suas bases localizadas no México, em torno da lagoa de Térmicos, e na Guatemala, os putunes estenderam suas vias de comércio contornando a península do Yucatán e penetrando, pelos rios, no interior da América Central, além das cidades do Velho Império.

Culturalmente, os putunes eram um grupo periférico diante de seus "irmãos" maias do norte e do leste. Pressionados pelas invasões nahuas do México, deslocaram-se e ocuparam o norte do Yucatán, enquanto outro grupo, os itzaes, estabelecia-se na ilha de Cozumel, do outro lado do Yucatán, e na desembocadura do rio Belize, possibilitando uma tranquila viagem de cabotagem entre o México e a Guatemala.

Utilizando Cozumel como cabeça de ponte, os itzaes se fixaram em terra firme, avançando rumo a Chichén-Itzá (918 d.C.). Em data posterior, partindo de Potonchán, os putunes alcançaram a região meridional pelos rios. Na confluência do Grijalva com La Pasión e Chixoy, transformado daí no rio Usumacinta, os mercadores construíram um importante entreposto comercial num local denominado Altar dos Sacrifícios. Partindo desse entreposto, podia-se alcançar a fronteira com Honduras e o estuário do rio Belize.

Entre 850 e 950, os putunes mantiveram uma linha comercial com a Confederação Asteca, com os maias das terras baixas e com a península de Yucatán. Dominavam o norte de Tabasco, o sul do Campeche, a costa oriental da península do Yucatán, Chichén-Itzá, La Pasión, Ucbal, as costas da Guatemala e o estuário do rio Belize. Lembremos que, no ano de 987, os itzaes receberam um grupo de emigrantes de Tula, liderados por Quetzalcoatl-Kukulkán, fato que provocou profundas alterações na vida dos itzaes.

Prato maia de três pés, datado de 600-900 d.C. A peça foi encontrada em Tikal e está abrigada no Museu Nacional de Arqueologia, na Guatemala.

Album / akg-images / Andrea Baguzzi / Latinstock

Os maias criaram um mercado para suas produções artísticas. Exportavam tecidos, cerâmica multicolorida, jade esculpida e pedras vulcânicas artisticamente trabalhadas. Colombo, em sua quarta viagem, encontrou uma grande canoa (ignoramos sua procedência) carregada de mantas de algodão, blusas sem mangas com desenhos coloridos, espadas de madeira com incrustações de pedras nas suas partes cortantes, pequenos machados de cobre, sinos e grande quantidade de sementes de cacau. O cacau servia como moeda, sobrevivendo nessa função em regiões interioranas da América Central até o século XIX.

A canoa era comprida como uma galera romana, com 2,50 m de largura e uma cabine no meio, e levava mais de 25 homens, bem como algumas mulheres e crianças. Evidentemente, o comércio de longa distância devia ser bem organizado para permitir o transporte de passageiros.

Yucatán comercializava mantas, penas e outras mercadorias com Honduras, retornando com cacau. Para o México, exportava cera e mel, além do sal, importante elemento entre os itens comercializados. As salinas do norte do Yucatán permitiam que as aldeias de pescadores salgassem o pescado a ser consumido nas cidades-Estados.

Um dos maiores centros comerciais da América foi Xicalango, hoje debaixo do mar, localizado num braço setentrional da lagoa de Términos, onde mercadores astecas possuíam um bairro especial. Jade, pedras de origem vulcânica, tinturas naturais e de moluscos, machados, cerâmicas, conchas,

Recipiente maia em argila representando um servo que oferece uma bebida ao rei. A peça se encontra na galeria Edward H. Merrin, em Nova York.

penas, sal, cal, peles, conchas de tartaruga, mel, cera, produtos vegetais, tecidos de algodão, tabaco, milho, cacau e borracha são algumas das mercadorias comercializadas em Xicalango.

Devemos ver nos putunes comerciantes capazes de efetuar o comércio a longa distância, e no modo de produção tributário mercantilizado, a organização capaz de manter as redes comerciais.

Considerações gerais

A história da Humanidade é a história da separação entre os homens e as condições naturais de existência. No modo de produção tributário, essa união do homem com a natureza está presente nas comunidades aldeãs (sociedade sem classes) que se articulam com o Estado (sociedade de classes).

Da mesma forma que entre os astecas, a sociedade maia possuía sinais visíveis da alteração dessa união primitiva. Os componentes das comunidades aldeãs estavam sendo lentamente separados da terra, das suas condições naturais de existência.

Jarra hondurenha em cerâmica representando, provavelmente, o Deus do Vento, Ehecatl. A peça faz parte do Museu de Arte Lowe, da Universidade de Miami.

The Bridgeman Art Library/Keystone

Se é possível dizer – valendo-nos de outros exemplos históricos – que o modo de produção tributário é uma forma de transição da sociedade sem classes para a sociedade de classes, esse processo não se completou na América, seja por fatores internos, seja por fatores externos.

O modo de produção tributário baseia-se na autossuficiência da comunidade aldeã e nos tributos cobrados pelo Estado. A impossibilidade do pagamento desses tributos e a quebra da autossuficiência das comunidades aldeãs provocaram uma crise no sistema. O colapso da agricultura explica a decadência da civilização maia.

De acordo com a quantidade de excedente econômico extraído das comunidades, o modo de produção tributário apresenta algumas variações: atrasado, se é pouco significativo, ou adiantado, se o tributo é consistente. No caso dos maias, estamos diante do modo de produção tributário mercantilizado. A história não é um evolucionismo linear. As formações sociais tributárias possuem diferentes articulações de seus elementos centrais.

Quando abordamos a mensagem de Quetzalcoatl entre os toltecas e falamos do deslocamento do jovem rei de Tula para Chichén-Itzá, onde floresceu a mensagem humanística de Quetzalcoatl, estamos falando do fenômeno da difusão cultural. A partir de determinados centros, a cultura se irradiou, sendo assimilada das mais diversas formas, de acordo com a situação histórica concreta de cada povo. No caso dos maias, tudo estava a favor para a assimilação das influências culturais provenientes de Teotihuacán.

A análise da civilização maia é um importante exemplo histórico que nos permite compreender as variações do modo tributário e as limitações de seu desenvolvimento, além de mostrar a relativa autonomia da superestrutura em relação à infraestrutura e as dificuldades no desenvolvimento cultural acelerado, graças ao fenômeno da difusão cultural.

Ruínas de Machu-Picchu, antiga cidade inca localizada em Cuzco, no Peru.

4- América Andina: a formação do Império Inca

O Império Inca se estendia ao longo da cordilheira dos Andes, da Colômbia ao Chile. O Equador, o Peru, as terras altas da Bolívia, o norte da Argentina e o Chile (até o rio Maule, perto da cidade de Conceição) formavam parte de seu território.

Em seu interior encontramos diferenças geográficas notáveis e povos de diferentes civilizações, centralizados num esquema unificador. O Estado inca, respeitando as antigas funções das comunidades aldeãs chamadas *ayllus*, incorporou militarmente outros Estados, impondo unidade política, socioeconômica e religiosa, justificando a denominação de Império.

Durante muito tempo, a historiografia abordou o Estado inca como um "paraíso perdido", no qual inexistia a fome, a exploração e a violência. Essa miragem incentivou a imaginação dos novelistas, estudiosos e pesquisadores, que procuraram descobrir influências de extraterrestres ou a construção do primeiro Estado comunista em terras americanas.

Qual é, afinal, a natureza do Estado inca? Socialista? Escravista? Feudal?

A ideologia transmitida pelos incas aos povos submetidos referia-se ao soberano como filho do Sol, que lhe outorgava proteção divina e assegurava a ordem social. "O Estado cobra tributos para manter os velhos e os doentes, e para fornecer alimentos nas épocas de má colheita"... Assim era apresentado o Império Inca.

Os historiadores oficiais nomeados pelo próprio Inca escreviam duas histórias: uma para a hierarquia e outra para o povo. Na segunda versão, excluía-se tudo o que pudesse diminuir o respeito e a fidelidade ao soberano. A história foi deliberadamente falsificada visando divinizar o Inca, fazendo com que sua vontade fosse a vontade dos deuses. Numa palavra, a história oficial tentava encobrir a exploração a que eram submetidas as comunidades aldeãs. Lamentavelmente, muitos historiadores contemporâneos seguiram o mesmo caminho.

O Império Inca integrou povos de diferentes culturas, localizados nas mais variadas regiões geográficas. Quatro grupos de povos sobressaem: os chimus, no litoral norte do Peru; os urus, que viviam nas proximidades do lago Titicaca (na Bolívia); os aimarás, na região sul e leste do mesmo lago; e os quíchuas, que formavam o maior contingente do Império.

Quanto às regiões geográficas, podemos traçar três faixas paralelas à cordilheira dos Andes: a faixa da costa, as serras e as selvas. Entre as águas do Pacífico e as primeiras encostas das serras, encontra-se um território de natureza arenosa, onde a falta de chuvas faz com que a população se concentre nas desembocaduras dos rios.

As serras alastram-se por regiões de altos contrastes. Encontramos neve permanente nos cumes dos Andes; territórios sem condições de habitação em razão do vento frio que sopra constantemente; regiões bastante secas; e vales férteis – onde se concentra a maior parte da população. As selvas assinalavam os limites do Império.

Essas faixas contínuas são quebradas por vales transversais, percorridos por rios de forte correnteza que alcançam rapidamente o mar. Esse contraste geográfico permitiu, como veremos, uma complementação econômica. Sobre essas diferenças geográficas e culturais, os incas construíram um impressionante sistema de dominação, mantendo a comunidade aldeã como a célula fundamental da estrutura econômica.

A comunidade aldeã estava unida por laços sanguíneos em diferentes graus de parentesco e pela crença comum de ser descendente de um mesmo passado místico. Dentro dela não havia a propriedade privada da terra. Os estudos recentes sobre os *ayllus* têm demonstrado a importância das relações de parentesco no sistema produtivo, relações que se mantiveram vivas mesmo após a conquista pelos incas, que não implantaram o Estado nem estruturaram o modo de produção tributário preexistente na América Andina.

Um dos pontos-chave para se entender o surgimento do Estado é a compreensão dos mecanismos que permitiam que o exercício de uma autoridade, baseada na necessidade de a comunidade cumprir determinadas funções, se transformasse em autoridade baseada no exercício permanente dessas funções, agora não mais exercidas em benefício da comunidade, mas em benefício de uma minoria.

Para o surgimento da classe-Estado, que se apropria do excedente econômico produzido pela comunidade aldeã, é necessário que a sociedade aceite as instituições do poder permanente. As relações de parentesco terão, nesse processo, um papel fundamental, pois foi por intermédio delas que as funções individuais se transformaram em funções hereditárias, gênese do aparelho classista de poder.

A estrutura de parentesco – que não cabe analisar aqui – é um complicado sistema de interligação da infra e da superestrutura. Podemos dizer, para nosso fim, que ele cumpre um papel fundamental no nascimento do Estado. No *ayllu*, base do modo de produção tributário, os vínculos de parentesco continuam funcionando como reguladores da vida econômica.

Como e quando surge o Estado nas regiões andinas? Quais foram as civilizações incorporadas pelo Império?

Essas e outras questões serão respondidas nas páginas seguintes, que tentarão pôr fim à ideia de "um paraíso perdido no mar das injustiças". O Estado inca será abordado como aquilo que foi: um sistema despótico de dominação e exploração.

Origens

Os incas impuseram a 15 milhões de pessoas a mesma língua, a mesma cultura, a mesma religião (ainda que respeitando os deuses locais, considerados secundários) e um Estado centralizado. A construção desse projeto unificador foi feita com violência generalizada, da coerção e do convencimento ideológico. Os métodos variaram, desde a utilização dos *mitamáes* até o sistema de reféns, passando pela utilização da religião como mecanismo de dominação.

Chamamos de *mitamáes* os povos incas deslocados para regiões recém-conquistadas, como uma forma de assegurar uma população fiel num lugar onde o domínio ainda não estava consolidado. O contrário também podia acontecer. Povos cuja fidelidade era posta em dúvida pelo Estado sofriam o castigo de se verem afastados de seus pontos de origem, remanejados para zonas onde podiam ser mais bem controlados e vigiados.

Culturas pré-incaicas

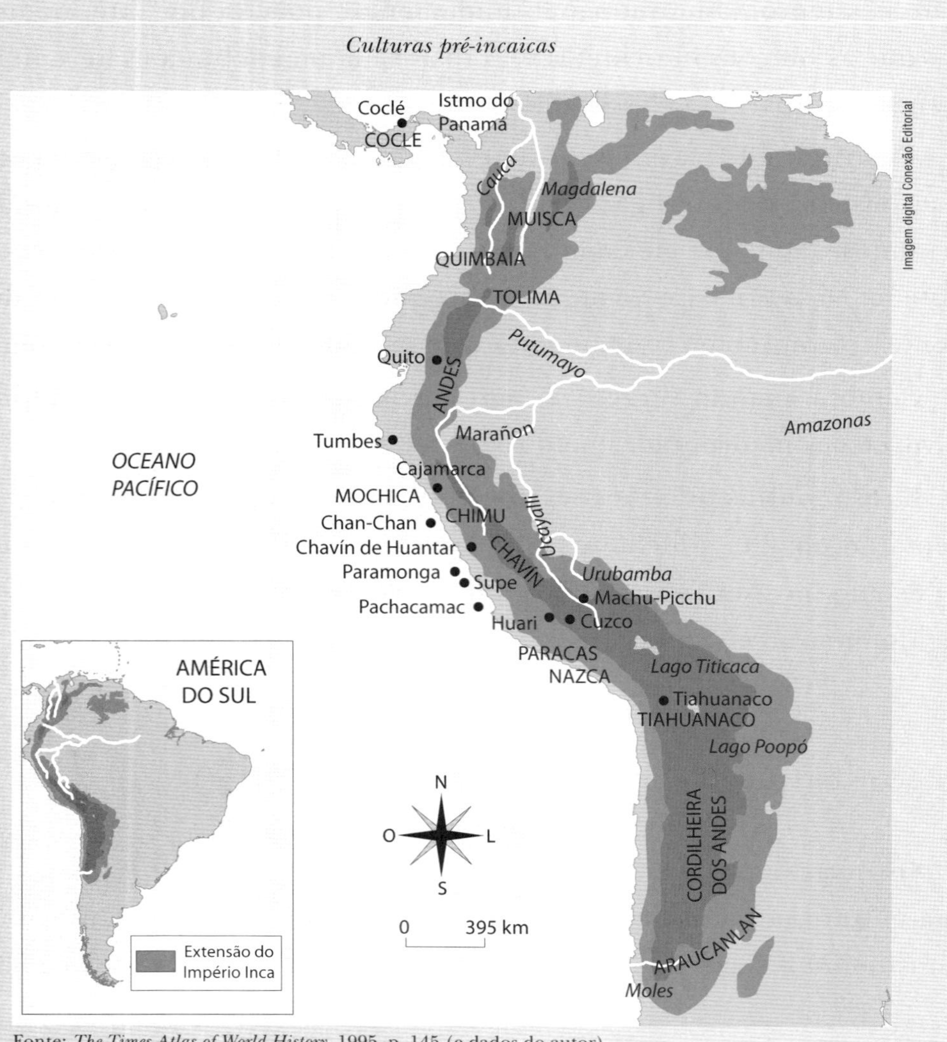

Fonte: *The Times Atlas of World History*, 1995, p. 145 (e dados do autor).

O sistema de reféns também foi muito utilizado pelos incas. Após a conquista de um novo território, os familiares e o herdeiro da autoridade local, junto com a representação do deus mais importante, eram enviados a Cuzco. O herdeiro era internado numa "escola estatal" por quatro anos, nos quais aprendia a história dos incas e a forma de administrar o Império. Em seguida, retornava à sua comunidade. A transmissão do conhecimento tinha claros objetivos de submeter as consciências. Quanto à sorte dos familiares, estava ligada à cooperação das autoridades das regiões integradas.

Os incas possuíam um excelente esquema de comunicação. Os *chasquis*, ou correios dos incas, atravessavam os caminhos ziguezagueantes do Império, atravessando desertos, montanhas e rios. Eram homens que se colocavam a distâncias consideráveis para receber e transmitir a outro ponto, mediante longas corridas, qualquer sinal de perturbação. Pontos de descanso, chamados tambos, continham alimento, água e um lugar de repouso para os fatigados servidores.

Que povos eram esses, submetidos à vontade de um Estado centralizado e despótico?

Vejamos brevemente a história dos povos pré-incaicos para poder entender as origens das Altas Culturas Andinas e, depois, abordar o processo de integração militar. Começaremos analisando a cultura chavín, que parece ser o primeiro foco de integração andina. Para facilitar nossa exposição, dividiremos as civilizações de acordo com sua situação geográfica: a costa norte, a costa sul, as serras e o altiplano boliviano.

Chavín de Huantar

Chavín de Huantar foi um centro cerimonial localizado nas serras setentrionais do Peru, sobre um afluente do rio Maranhão, para onde convergiam peregrinos de toda a região. Chavín é um conjunto arquitetônico feito de pedras colocadas alternadamente em camadas finas e grossas, sem revestimentos ou massas soldantes.

O vale do mesmo nome se situa entre 3.000 m e 4.000 m acima do nível do mar, local pouco propício para a agricultura, que devia se efetuar entre matos para evitar o forte vento da cordilheira andina. Se as condições naturais não favoreciam a agricultura, a falta de um Estado centralizado, que efetuasse as grandes obras públicas necessárias para o vale produzir alimentos, tornava praticamente impossível uma concentração populacional.

O centro cerimonial de Chavín de Huantar foi construído graças aos donativos e às oferendas em trabalho de milhares de peregrinos, dirigidos pelos sacerdotes do "jaguar" num culto similar ao de Quetzalcoatl-Kukulkán. A arqueologia tem discutido se o Chavín da Serra foi originado pelo Chavín da Costa, ou o contrário.

A discussão é um pouco fútil. Os estudiosos perguntam se o culto da "ave-serpente-jaguar-homem" se originou na serra, transladou-se para as costas e se deslocou para o México, ou se o caminho foi exatamente o inverso. O fato é que os relevos encontrados na serra Sechun são semelhantes aos "dançantes de Monte Alban", e sua cerâmica, semelhante à da Tlatilco. Mas a história "comparativa" nunca permitiu uma real compreensão dos problemas.

Chavín possibilitou a unidade cultural das aldeias espalhadas pelo Peru, que possuíam uma agricultura diversificada, com mandioca, milho, abóbora, etc. O curioso é que, entre os produtos agrícolas pintados na cultura Cupisnique ou Chavín da Costa, não consta o milho. Será que seu caráter sagrado impedia sua representação, ou o Chavín da Serra foi o responsável pela expansão do cultivo do milho?

A costa norte: a cultura mochica

Numa superfície de 66.000 km², através de vales e serras, estendeu-se a cultura mochica, a partir de seus centros localizados nos vales de Moche, Vicus e Chicamba. Essa cultura parece ser resultado de uma evolução anterior das culturas denominadas salinar, gallinazo e vicus.

Entre o rio Moche e o Serro Branco, se localiza o conjunto arquitetônico mais representativo da cultura mochica. Trata-se da Huanca do Sol e Huanca da Lua. A primeira é uma plataforma de 228 m de comprimento e 18 m de altura. Sobre ela, ergue-se a pirâmide propriamente dita, de 103 m de lado por 23 m de altura, igualmente escalonada como a base.

A Huanca da Lua consta de uma plataforma de 80 m de lado por 60 m de altura, e uma pirâmide de 21 m construídas de barro, e não de pedras. Esta é a característica fundamental da arte mochica: a utilização do barro, tanto nas construções como no artesanato, que reproduzia fielmente o meio ambiente que os rodeava. Os vasos-retratos, em que as ânforas tinham a forma de cabeças humanas, são típicos dessa cultura.

Os indícios históricos tendem a confirmar a existência de cidades-Estados. Ainda resistem ao tempo o aqueduto do vale de Chicama, que atravessa uma quebrada de 1.400 m e um canal de 120 km de comprimento. Na agricultura, o milho, a mandioca, a batata e o feijão eram os produtos mais cultivados. A pesca consistia numa atividade complementar para toda a costa. Quanto aos tecidos, devemos assinalar sua pobreza se comparados à extraordinária beleza e colorido dos da cultura paraca e nazca da costa sul.

Costa sul: a cultura nazca

Nos vales de Pisco, Ica e Nazca, desenvolveu-se uma cultura denominada simplesmente nazca, que evoluiu de uma anterior, a paraca. Sua arquitetura é desconhecida, pois só sobreviveram pequenas bases de terraços construídos de barro. Sua cultura, organização social e política também são desconhecidas. O que o tempo nos legou, e a partir do que é possível inferir a existência de uma cultura, são os artísticos trabalhos em barro e as coloridas artes têxteis. Ao contrário do que acontecia com a cultura mochica, que sacrificava a cor em favor das formas, na arte nazca a forma é sacrificada para favorecer o colorido: 11 cores foram utilizadas, sendo encontradas até oito na mesma peça.

A serra: a cultura recuay

Na serra setentrional peruana, num local denominado Callejón de Huaylas, encontramos a civilização "subterrânea" de recuay. Ao contrário da mochica e da nazca, que utilizavam o barro, a recuay trabalhou a pedra como matéria-prima para suas construções.

Os edifícios são unidos por longas galerias fechadas, entrando e saindo desses corredores por buracos abertos na parte superior. As construções constam de uma câmara central, da qual partem pequenos corredores menores, todos com teto de pedra, para pequenas câmaras laterais. Existem também construções de dois e três andares, sendo que o primeiro é subterrâneo e os restantes, fechados em pedra, que se levantam do chão. Alguns escritores imaginativos tentaram ver nessas construções cópias de estações espaciais.

Os vasilhames apresentam homens e mulheres sentados com os joelhos sobre a cintura. Nas pedras esculpidas, encontramos o jaguar, com o corpo de perfil e o rosto de frente, resquícios da influência chavín. Não conhecemos sua estrutura social nem possuímos tecidos, pois foram destruídos pelo clima úmido da serra.

Tiahuanaco

Atualmente, um pequeno povoado da estação ferroviária e um conjunto de ruínas situadas no altiplano boliviano, não longe da capital La Paz, ao sul do lago Titicaca, levam o nome de Tiahuanaco. A zona arqueológica possui uma extensão de 1.000 m de comprimento e 500 m de largura. Pouca coisa resta ainda de pé.

A devastação começou seguramente com a chegada dos incas e continuou com os espanhóis. Tanto o moderno povoado de Tiahuanaco, as obras da estrada de ferro, como os grandes edifícios de La Paz foram construídos com material extraído de Tiahuanaco. Se alguém quiser ver estátuas antropomórficas do período, deverá dirigir-se à igreja da cidade, onde duas grandes obras dão as boas-vindas aos turistas.

Mais que uma cidade ou centro de um império, Tiahuanaco, da mesma forma que Chavín de Huantar ou Teotiuhacán, foi um centro religioso. Era, assim como Chavín, um centro que não suportava uma grande população fixa. Foram os peregrinos que forneceram a mão de obra necessária para levantar a pirâmide de Puma-puncu, os palácios residenciais dos sacerdotes e a Porta do Sol.

Este último monumento, medindo 4 m de largura e pesando 12 toneladas, foi duro demais para os martelos dos operários. Estava no chão quando o governo boliviano mandou que o recolocassem em seu antigo lugar, no ano de 1910.

Os diversos sistemas de canais de escoamento ainda podem ser traçados nas areias do altiplano. As grandes pedras, sempre bem trabalhadas e em perfeito ajustamento, eram grampeadas com cobre em forma de "T". A expansão desse centro não significou a imposição de sua cultura, mas uma convivência com outras culturas. O estilo cerâmico de taças achatadas e lábios divergentes, de cor vermelha, com desenhos em branco e preto, é a forma mais típica de Tiahuanaco. As figuras do jaguar, do condor e os desenhos escalonados, por exemplo, também são encontrados em todo o altiplano boliviano.

Segundo a lenda, Tiahuanaco existia antes do dia em que Viracocha criara as estrelas para livrar o mundo da escuridão. Da mesma forma que Quetzalcoatl-Kukulkán apareceu para reformar os costumes dos homens e desapareceu como tinha chegado, Viracocha foi o grande impulsionador de Tiahuanaco e desapareceu no mar anunciando seu retorno. Quetzalcoatl deveria voltar no ano de *ce-acatl*, quer dizer, a cada 50 anos se abria a possibilidade de seu retorno. Quanto ao Império Inca, deveria ter seu fim com o Inca número 12.

Nas costas peruanas encontramos o santuário de Pachacamac, divindade que equivalia a Viracocha. O culto a Viracocha-Pachacamac foi incentivado pelos Incas. O Sol e Viracocha são deuses complementários.

Enquanto o Sol representava o céu, o fogo e a serra, Viracocha representava a água, a terra, a costa. A partir de Tiahuanaco, o culto a Viracocha se espalhou pela região andina, permanecendo vivo durante todo o Império Inca.

A expansão inca

Conta a tradição que oito irmãos, "filhos do Sol", saíram de um conjunto de cavernas, existente a 8 léguas da cidade de Cuzco, iniciando uma migração à procura de terras férteis. Depois de longos anos de peregrinação, nos quais alguns dos irmãos acabaram morrendo, chegaram ao vale de Cuzco, onde se instalaram. Nesse caminhar, os dois únicos sobreviventes, Ayac-Manco e sua irmã, Mama Oclla, casaram-se, dando início à dinastia Inca, com o nome de Manco-Capac.

Os oito irmãos representavam as comunidades que foram se estabelecer no vale, e a peregrinação significa a migração dos incas desde o lago Titicaca até a futura capital do Império. Os incas procediam da região Colha, de língua aimará. Uma vez submetida a população local de língua quíchua, Manco-Capac concentrou seus esforços na dominação do vale. Sete Incas o sucederam no cargo.

O oitavo Inca – chamado Viracocha em homenagem ao deus criador que pressagiou grandes aventuras para o novo soberano – alterou o sistema de conquista, que consistia em dominar as comunidades exigindo apenas tributo, mas sem as ocupar militarmente. Com Viracocha, a ocupação militar foi consequência da conquista.

Na expansão pelos vales vizinhos, os incas enfrentaram a Confederação Chanca, formada pela união de várias comunidades aldeãs, num Estado ainda não suficientemente forte para resistir às tropas de Viracocha. Sentindo-se ameaçados, os chancas, num supremo esforço, atacaram Cuzco numa noite em que os incas tinham seu exército disperso pelas aldeias. A capital só não foi destruída graças à determinação de uma tropa reduzida, comandada pelo filho do Inca, Yupanqui, que dirigiu a defesa e organizou o contra-ataque.

A derrota dos chancas consolidou a tendência expansionista dos incas, fortificando as ambições do jovem príncipe Yupanqui, que não hesitou em assassinar seu irmão, herdeiro do trono, e assim tomar-lhe o poder. O ano de 1438 marca a consagração de Yupanqui como o nono Inca e o início da chamada Era Imperial.

Peru – domínio inca

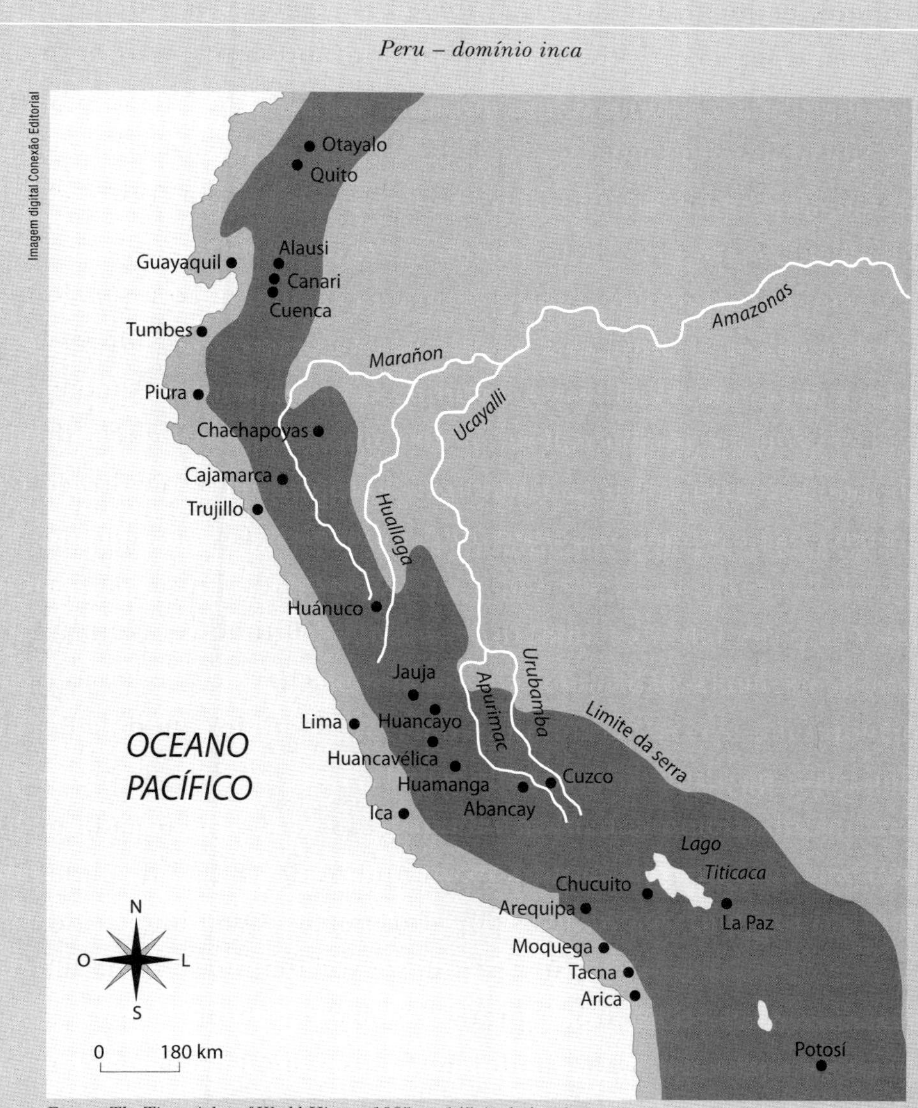

Fonte: *The Times Atlas of World History*, 1995, p. 145 (e dados do autor).

Yupanqui organizou uma expedição militar ao lago Titicaca, mas, antes de se lançar a essa ofensiva no sul, consolidou sua retaguarda nos vales do rio Apurimac. Na chegada das tropas à antiga região de Tiahuanaco, encontrou os colhas lutando contra os lupacas. Quando a vitória parecia iminente, os colhas foram derrotados pelos exércitos de Yupanqui, que integrou essa zona ao domínio inca.

Os guerreiros de Pachacuti Inca Yupanqui penetraram nos vales centrais do Peru, avançando rumo à costa e ao norte do continente. No vale do Canhete, os incas encontraram forte resistência. Os chichas do vale do Nazca e Ica mantiveram-se em luta durante anos, não hesitando em destruir os canais de irrigação na vã tentativa de barrar o avanço inca. Nestes vales (Lunaguana, Chincha, Pisco, Ica e Nazca), a rivalidade das cidades-Estados não permitiu que houvesse uma frente comum contra as tropas de Yupanqui.

Cajamarca, no vale do Maranhão, foi a próxima região a ser dominada. Em Cajamarquinha, tropas dos povos agricultores, caçadores e pescadores não foram obstáculos para os incas. Na região de Ancón foram encontrados mais de 35 mil objetos, o que prova a existência de uma civilização que realizou um ativo intercâmbio com outras civilizações.

Os cajamarcanos se aliaram ao vizinho Estado de Chimu, que dominava todo o norte do Peru e se estendia desde o vale do Piura, na fronteira com o Equador, até o Pativilca do Sul. Neste último, encontrava-se a impressionante fortaleza de Paramonga, que fechava o acesso ao centro do Estado. Naquela época, os chimus estavam divididos em dois Estados: o Cuismancu e o Chuquimancu.

A característica fundamental desses Estados era a acentuada urbanização. A cidade de Chanchan era um conjunto de 18 km^2 de superfície, divididos em 10 bairros separados por altos muros. Os chimus produziam cerâmica monocromática e arte têxtil desenvolvida, mas era na metalurgia, no trabalho com o ouro, a prata, o cobre e o bronze, que estavam mais adiantados. Quanto ao Estado, devemos assinalar que não era proprietário das terras nem controlava a produção, mas era dono da água e dos canais de irrigação, responsável pela construção dos aquedutos e pela cobrança de tributo pela utilização do precioso líquido.

Dessa civilização, os incas adaptaram o sistema de comunicação feito a pé, de homem para homem situados em pontos preestabelecidos, possibilitando um contato rápido entre a capital e as localidades mais distantes. Também o sistema numérico que utilizava cordas, do qual falaremos mais adiante (aperfeiçoado pela burocracia inca), teve sua origem entre os chimus.

Tope Inca foi o décimo soberano. Preparando uma expedição para as selvas amazônicas, uma sublevação no sul o obrigou a deslocar seus exércitos, ocupando todo o altiplano boliviano, o norte argentino, e invadindo o Chile. Alcançou o rio Maube, onde fixou os limites do Império, perto da atual cidade de Conceição.

O Inca voltou para Cuzco e se dedicou a organizar o Império. Conta a crônica que Tope Inca teria feito uma viagem por mar até as Ilhas Polinésias. Com bastante exagero, menciona-se que 20 mil pessoas, numa formação imensa de pequenas embarcações, zarparam do porto de Tumbes.

Huayna Capac (1493-1528) continuou a obra do pai, levando o Império até o golfo de Guayaquil e integrando os manabi e os caras. Os primeiros viviam no litoral do Equador e os caras, que parecem ter chegado do mar, tinham um Estado com capital em Quito. Eram excelentes tecelões, curtidores e trabalhadores da esmeralda. Quando os incas apareceram, estavam se expandindo rumo à Colômbia.

Huayna Capac morreu subitamente, não deixando um herdeiro nomeado. Enquanto seu filho maior, Huascar, fazia-se coroar em Cuzco, Atahualpa, seu outro filho, era ungido em Quito. A rivalidade submeteu o Império a uma cruel guerra civil. Junto com as notícias da vitória de Atahuallpa chegaram outras, de estranhos homens de quatro patas que penetravam pelos limites norte do Império. Era a cavalaria de Pizarro nas costas do Pacífico.

Tauantisuyu: o Império dos Quatro Quadrantes

A partir de Cuzco, capital do Império, o território inca estava dividido num sistema mais ideal que real: em duas partes subdivididas em quatro. A parte de cima correspondia a Chinchaysuyu e Antisuyu, e a parte inferior a Cuntisuyu e Collasuyu.

Ao mesmo tempo, existia uma hierarquia nas duas metades. Chincaysuyu representava a parte superior em relação a Antisuyu, e Collasuyu em relação a Cuntisuyu. Nesse dualismo e quatripartição, Cuzco, significando o número 5, indivisível, transformava-se no centro do mundo. Essa divisão, que acompanhava os quatro pontos cardeais, foi feita por Pachacuti antes que o Império fosse formado.

Cada *suyu* era formado por províncias que geralmente coincidiam com Estados pré-incaicos. Em cada capital de província se estabelecia um governante ou *tocricoc*, que dirigia sua região dividida em departamentos ou municípios chamados *sayas*, correspondentes à união de um número variável de *ayllus* (100, 500 ou 1.000).

As comunidades aldeãs, por sua vez, eram governadas por um representante do Estado chamado *curaca*, que fracionava a população em grupos de 10 ou 50 pessoas, vigiadas por uma espécie de capataz. A missão de todos era a vigilância contínua. Periodicamente, partiam de Cuzco delegados imperiais encarregados de fiscalizar os chefes provinciais e locais, numa espécie de "auditoria".

À frente do Estado encontramos o Inca, pessoa divinizada, adorada e reverenciada por todos. Herdeiro de Manco-Capac, ninguém podia olhar seu rosto e os nobres deviam apresentar-se diante dele descalços e com um peso nas costas que os obrigasse a se manterem curvados. O Inca era vestido pelas "virgens do Sol", escolhidas entre as crianças das aldeias que demonstrassem melhores aptidões nas artes têxteis.

Quando o Inca morria, suas propriedades passavam ao poder de seus familiares, encarregados de manter a múmia do soberano. Esse mecanismo era extensivo aos dignitários, recompensados em vida pelos serviços prestados ao Estado, o que na maioria dos casos envolvia terras. Uma vez desaparecidos, também suas propriedades passavam às mãos dos familiares. Por isso, todos estavam interessados em que o cabeça da família cumprisse fielmente as determinações do Inca, o que significaria favores e presentes. Pensava-se no futuro.

Múmia inca encontrada em uma caverna na aldeia de Coquesa, na Bolívia. Estima-se que seja datada do período entre 1100 e 1400 d.C.

George Steinmetz/Corbis/Latinstock

Integravam a nobreza os familiares dos dirigentes dos onze *ayllus* reais, correspondentes aos onze Incas falecidos. Entre eles, eram selecionados os membros da alta burocracia estatal e os membros do estado-maior do exército. Existia uma nobreza menor formada pelos funcionários das províncias e autoridades alocadas em funções locais.

Junto ao Inca, encontramos o sumo sacerdote, o *huillac umu*, geralmente irmão do Inca. Os sacerdotes eram escolhidos entre a nobreza e sua função nos rituais sagrados consistia em manter o templo, fazer sacrifícios e se comunicar com os deuses. Abaixo do *huillac umu* existia um colegiado de sacerdotes – formado por 10 representantes eleitos pelo sumo sacerdote – que devia eleger os sacerdotes menores, assistentes e funcionários dos templos.

Os sacerdotes faziam oráculos, feitiçarias, adivinhações, realizavam sacrifícios, interpretavam sonhos e ensaiavam curas milagrosas. Todo esse aparato servia à transmissão de lendas, histórias, normas e regulamentos, que asseguravam o sistema de dominação aplicado pela burocracia estatal e garantido pelos guerreiros.

Dado o caráter guerreiro do Império Inca, o treinamento da nobreza era rigoroso: incluía o estudo da história dos povos submetidos, das campanhas dos incas, envolvia geografia, a arte da defesa e do ataque, cercos a cidades, fortificações, diplomacia, espionagem, etc. Exigia o que denominaríamos hoje de aprendizado das artes militares, que nada adiantaram contra os cavalos, as armas de fogo e os cães de guerra dos espanhóis.

A classe-Estado (sacerdotes, guerreiros, funcionários) se mantinha graças ao excedente extraído das comunidades aldeãs. Lembremos que o tributo era cobrado de cada membro do *ayllu*, sob o controle dos *curacas* e seus assistentes. Sabe-se que o Inca proibia que seus súditos abandonassem a comunidade, núcleo econômico da dominação política.

Os trabalhadores das comunidades aldeãs eram chamados *llacta-runa*. Ao mesmo tempo que se dedicavam a extrair do solo o sustento necessário para sua autossubsistência, tinham a obrigação de trabalhar as terras do Sol, do Inca e dos *curacas*.

O Estado requeria grandes contingentes de mão de obra para as construções de centros urbanos, fortalezas, caminhos, pontes, terraços e canais de irrigação, bem como para sua manutenção. A *mita* era um serviço pessoal e periódico feito ao Inca durante um tempo prefixado (durava de dois a três meses) em que o Estado simplesmente o sustentava. A *mita* foi também utilizada para fornecer os pastores dos rebanhos do Sol, do Inca e dos *curacas*, em especial na região do lago Titicaca.

Num degrau inferior da escala social, existiam os *yanaconas*, cuja origem foi a sublevação da cidade de Yanacu, condenados pelo Inca à servidão perpétua, castigo estendido a seus descendentes. Lamentavelmente, não temos números que façam o levantamento dessa mão de obra separada dos *ayllus*, porque não faziam parte dos censos organizados periodicamente pelos incas.

O Império Inca

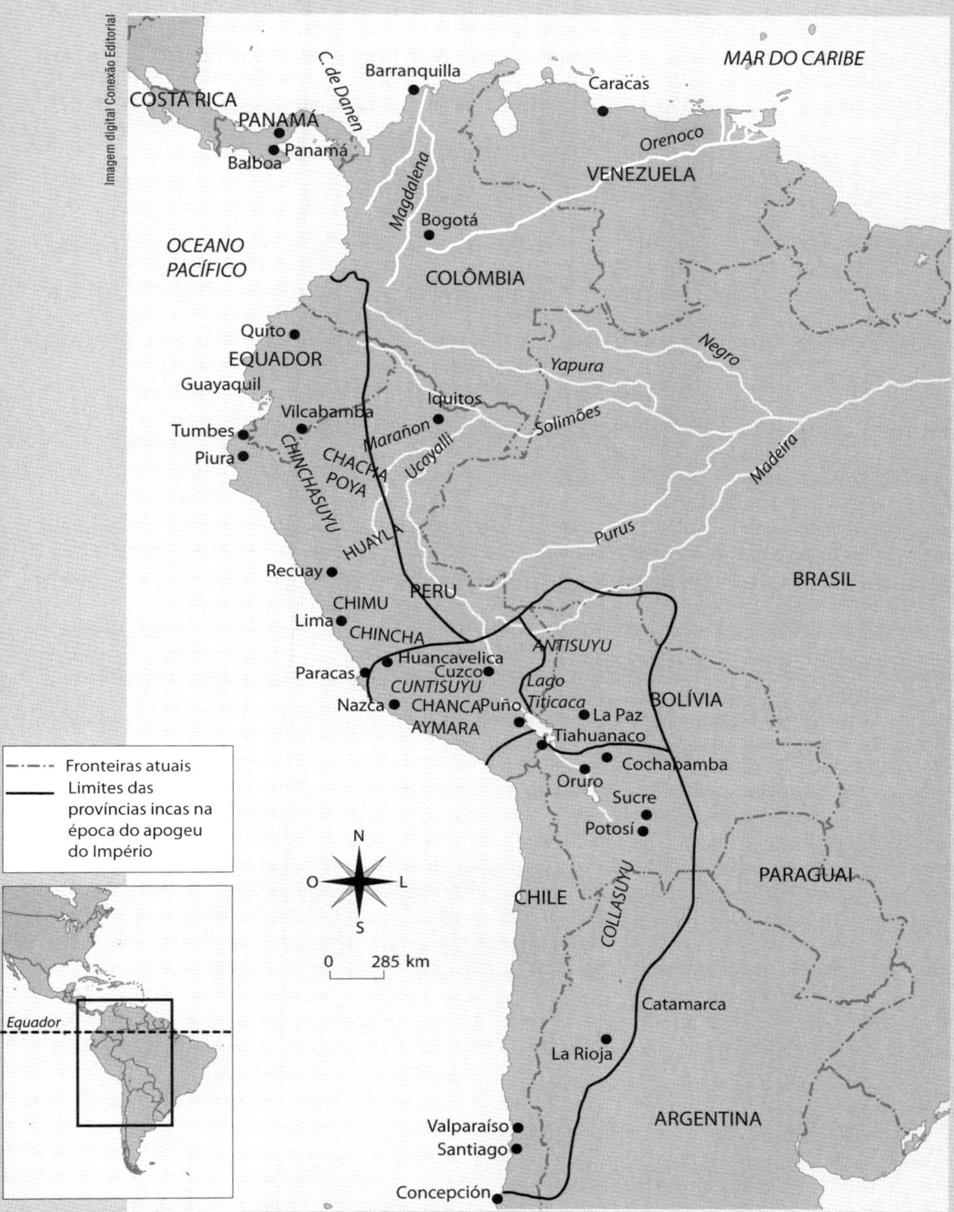

Fonte: *Historical Atlas of the World*. Parragon Books, 2010, p. 446 (e dados do autor).

Se o Estado determinasse, os criminosos, os prisioneiros de guerra, os sublevados ou os membros de um *ayllu* podiam ser transformados em *yanaconas*. Ser transformado em *yana*: essa era uma ameaça que pairava sobre as cabeças dos componentes das comunidades aldeãs.

Os *yanas* eram utilizados nos mais diversos serviços. Trabalhavam como carregadores, cumpriam funções domésticas, limpavam templos, etc., mas a principal tarefa era servir nas terras particulares. A formação de uma mão de obra separada da comunidade, isto é, das condições naturais de existência, estava presente na chegada dos espanhóis.

Os artesãos especializados eram outra mão de obra que estava sendo separada dos *ayllus*. Trabalhadores metalúrgicos, tapeceiros, ceramistas, ourives, escultores, entre outros, eram selecionados por delegados do Inca e remetidos a Cuzco, passando a depender diretamente do Estado. Com as "virgens do Sol" acontecia coisa semelhante.

A contabilidade

Uma sociedade que tributava as pessoas, e não a produção, deveria possuir um sofisticado esquema de controle. O Estado inca conhecia a quantidade de homens, mulheres e crianças de cada *ayllu*, conhecia o número de indivíduos com que podia contar para montar um exército sem

Funcionário do governo maneja um quipo, sistema usado pelos incas para fazer operações matemáticas rudimentares.

afetar a produção, sabia quanta mão de obra era necessária para construir uma ponte e onde requisitá-la. Sabia das necessidades em alimento, roupas e armas para sustentar os *mitamáes*.

O segredo dessa contabilidade sem computadores são os *quipos*, longos cordões aos quais eram amarrados uma multiplicidade de cordõezinhos, nos quais se faziam diferentes tipos de nós, como sinais.

O primeiro nó, no extremo inferior do cordãozinho, correspondia à unidade, o segundo às dezenas, e assim sucessivamente. Quando se queria identificar um zero, colocava-se um cordãozinho sem nó. Por meio dos quipos, os incas montaram um perfeito sistema de identificação, também utilizado para registrar fatos históricos e rituais religiosos.

Quem fazia a leitura dos quipos eram os funcionários chamados de *quipucamayucs*. Qualquer erro na confecção ou na leitura dos quipos era pago com a morte. Uma gigantesca burocracia mandava informações ao poder central, que transmitia suas ordens da mesma forma.

A terra e os tributos

O sistema de dominação imposto pelos incas fazia com que a terra e a água fossem propriedades do Estado, que concedia às comunidades o direito de permanecer e usufruir sua produção. Qualquer revolta significava perder esse direito. Ficar privado da terra e da água, ou receber uma quantidade insuficiente para o cultivo, determinava a impossibilidade da subsistência.

As terras do Inca eram trabalhadas pela comunidade e serviam para suprir as necessidades do Estado. Em sentido particular, eram destinadas a manter as famílias de linhagem real, sendo trabalhadas pelos *ayllus* reais ou pelos *yanas*. As terras do Sol sustentavam os templos, e também utilizavam mão de obra das aldeias. Ainda devemos assinalar as terras doadas pelo Inca aos *curacas*, e que da mesma forma eram trabalhadas pela comunidade ou pelos *yanas*. Agora podemos entender o que significa a superexploração da força de trabalho.

A região do Titicaca se especializou na criação de rebanhos de lhamas, guanacos, vicunhas e alpacas. Existiam rebanhos das comunidades, do Inca, do Sol e dos *curacas*, cuidados pelos pastores fornecidos pelas aldeias. Como o tributo recaía sobre os adultos, calculou-se que o Estado exigia 80 mil cabeças por ano para cada 15 mil tributados. A vida não era nada fácil no Império Inca.

Todos os habitantes do Império, de 25 a 50 anos, isto é, os *puric* (homens adultos), eram tributáveis, sendo que os casados menores de 25 também o eram. Como não existia comércio, numa sociedade na qual teoricamente todos têm garantida sua subsistência, o tributo permitia certa circulação de produtos de luxo destinados à corte ou para servir como presentes ao Inca. A falta de animais para o transporte e de veículos de roda foi sem dúvida um importante impedimento para a livre circulação de mercadorias.

A produção agrícola

O milho é uma planta de limites bem precisos: não pode ultrapassar os 3.500 m do nível do mar, nem pode descer abaixo de 1.500 m, por causa da estiagem. Tiahuanaco é uma região pouco propícia para seu cultivo, mas muito favorecida na plantação de batatas. Tiahuanaco é conhecida como a civilização da batata.

Além do mais, não basta a altitude correta. O terreno deve ter pouco declive e estar bem irrigado para que a produtividade seja alta. A construção de terraços sobre as ladeiras das serras e os canais de irrigação são imprescindíveis. É por isso que o cultivo do milho está associado à construção de grandes obras públicas. Existe uma correlação entre a extensão do plantio do milho e o desenvolvimento do Estado.

A batata-doce, o manco (cereal desaparecido), o quinua (legume cujas folhas se utilizam como o espinafre), o tomate, a goiaba, a anona (fruto parecido com a maçã), o abacate, o amendoim, entre outros, eram produtos plantados pelas comunidades aldeãs.

Graças a um século de experiências, os americanos conseguiram produzir setecentas variedades de batata que se adaptavam aos mais diversos climas. As diferenças abruptas de temperatura, das quais falávamos nas primeiras páginas deste capítulo, levaram à elaboração de batatas secas mediante o sistema de exposição alternada ao frio intenso e ao calor escaldante. Isso permitia sua conservação durante anos. A produção da batata, anterior ao milho, desenvolveu-se principalmente nas regiões do altiplano, e o milho, nas regiões temperadas.

A batata é um produto típico das comunidades aldeãs autossuficientes, enquanto o milho é produto das grandes obras públicas levadas adiante pelo Estado.

Ruínas de Machu-Picchu, antiga cidade inca localizada em Cuzco, no Peru.

Luciana Whitaker / Olhar Imagens

Considerações gerais

Nem um paraíso nem um inferno. O Império Inca, igual ao Asteca ou ao Maia, era um sistema econômico-político-ideológico que tinha como base o modo de produção tributário avançado, baseado na exploração da comunidade aldeã por uma classe-Estado, formada por sacerdotes, guerreiros e burocratas.

Demonstramos neste capítulo que o socialismo dos incas não passa de uma miragem. O Império Inca foi um sistema de dominação despótico e violento. A narrativa da expansão imperial deixou claro o caráter militarista desse povo, e a análise do sistema tributário e da estratificação social mostrou o caráter explorador do Estado.

Não podemos fazer uma história dos maus e dos bons, na qual coloquemos de um lado o "bom selvagem" e do outro o "bárbaro europeu". De que os espanhóis sacrificaram os povos americanos, não restam dúvidas. De que destruíram uma civilização em certos aspectos superior à sua, tampouco. Mas daí a deduzir que os europeus implantaram a exploração na América, existe uma grande diferença. Não podemos concluir, a partir dessas constatações, que os europeus trouxeram a exploração e a violência para a América. Elas já existiam.

Quando falávamos das origens das civilizações pré-incaicas, novamente nos referíamos ao fenômeno da difusão cultural. Que existiam contatos entre o Peru e a América Central está mais que comprovado pela historiografia. Os incas construíram uma síntese das civilizações anteriores e se transformaram em focos irradiadores, influenciando os araucanos no Chile, os kaukas no Equador, os chibchas na Colômbia e numerosas comunidades indígenas. No Brasil, os tupis-guaranis absorveram influências de focos irradiadores provenientes do Peru e da Bolívia.

Quanto à teoria de o modo de produção tributário ser uma etapa de transição da sociedade sem classes para a sociedade de classes, podemos afirmar o seguinte: as relações de parentesco, característica básica das comunidades primitivas, continuaram presentes e atuantes na sociedade inca; ao mesmo tempo, no período imediatamente anterior à conquista, a sociedade inca apresentava uma tendência à privatização das terras e à libertação da mão de obra das comunidades aldeãs.

Esse processo ficou incompleto por causa da conquista espanhola, mas não existe nada na história dos incas que negue a teoria. Se o desenvolvimento das forças produtivas se assenta na continuidade histórica, criada pela transmissão técnica e cultural, os europeus romperam a possibilidade de um desenvolvimento autônomo das sociedades americanas.

Gravura de Theodore de Bry, do século XVI, que retrata a suposta queima de índios na América.

5- A destruição das Altas Culturas: civilização contra barbárie

As mudanças aceleradas da história recente (pensemos no fim da União Soviética ou na formação da Comunidade Europeia) provocaram profundas alterações na consciência dos homens, comparáveis com as produzidas no passado pela chegada de Colombo ao continente americano.

Esses sucessos, hoje como em 1492, levaram os homens interessados em seu futuro a promover uma radical reconstrução do universo imaginado pelos pensadores, indagando, estudando, discutindo, polemizando, repensando, modificando suas ideias, imagens e concepções do mundo.

As comemorações dos 500 anos da América, festejados pomposamente no ano de 1992, fazem supor que a história da América se iniciou no ano de 1492; esquece-se propositalmente que existiam nessas terras brilhantes civilizações, em muitos aspectos superiores à europeia – como já vimos nas páginas anteriores –, que foram sistematicamente destruídas por esses invasores bárbaros.

Pensadores, que denominamos genericamente americanistas e eurocentristas, levam adiante uma controvertida discussão sobre o significado da chegada do almirante genovês a serviço da Espanha ao Caribe. Os dois grupos se consideram civilizados, ao mesmo tempo em que classificam seus oponentes como bárbaros. Quem era, então, o civilizado e o bárbaro nessa história?

Os eurocentristas, ainda que aceitando alguns excessos e desvios do que consideram a missão civilizatória europeia, destacam as virtudes da colonização, suas vantagens, as contribuições culturais, intelectuais e também econômicas promovidas pela integração da América ao mundo autoconsiderado civilizado.

Os americanistas questionam essa visão, criticando a presença europeia como um fator de destruição das civilizações pré-colombianas. Enfocam a chegada dos europeus como o início de uma devastação cujas consequências são sentidas até hoje e que ainda não terminou.

De fato, 1492 não foi o ano do primeiro descobrimento. Cinco séculos antes da chegada de Colombo, o rei *viking* Eric, o Vermelho – ou, se preferirem, Leif Eriksson –, tinha desembarcado no Canadá, procedente da Noruega, aproximadamente no ano 1000 depois de Cristo. Em data ainda imprecisa, também os polinésios chegaram da Ásia atravessando o oceano Pacífico.

Por que festejamos a chegada de Colombo e não a de Eriksson ou a dos polinésios? Os europeus lembram que a América somente seria integrada na economia mundial patrocinada pelo Velho Continente a partir do século XV, quando este estava vivendo um progresso expansivo de sua economia.

A chegada dos *vikings* à América não foi decorrência do comércio, mas deve ser vista apenas como um prolongamento das suas atividades piratas, com as quais infestavam o Mar do Norte. No século XI, a Europa enfrentava uma etapa crítica em sua economia, que regredia a uma atividade próxima da autossuficiência.

Pouco sabemos sobre as causas da migração e da chegada dos polinésios à América. A ilha de Páscoa, próxima ao Chile, é uma testemunha muda desse acontecimento. Essa pequena terra encravada no oceano Pacífico recebeu um contingente populacional que, ao se multiplicar e na impossibilidade material de emigrar, destruiu a natureza e suas possibilidades de sobrevivência, extinguindo a raça humana naquele lugar.

Esses acontecimentos são vistos por muitos como um espelho no qual o mundo deveria se mirar. O canibalismo foi o último estágio da autodestruição. A presença polinésia nas costas do Equador também foi comprovada pela influência que deixou na língua e na cerâmica daquela região.

A viagem dos *vikings* ou a dos polinésios não tinha perspectivas de retorno. Colombo, pelo contrário, procurava estabelecer uma rota permanente entre Oriente e Ocidente, através do Atlântico.

O fator fundamental que explica o esquecimento de Erik é que a Europa ainda não tinha formado seus Estados nacionais, que permitiriam, por meio da concentração de riquezas e poderes nas mãos do rei, a viabilização técnica e o financiamento dessas expedições.

A Europa, que ainda não tinha conseguido suprir as crescentes necessidades de ouro e prata, escoados permanentemente para o Oriente em troca, fundamentalmente, de especiarias, procurava também uma saída na expansão ultramarina para a falta desses metais preciosos.

O Velho Continente não tinha, no tempo de Erik, amontoadas em seus portos, mercadorias que não conseguisse vender, nem possuía, como no Renascimento, pessoas que abrissem suas mentes para novos mundos materiais e espirituais.

Biblioteca Real da Dinamarca

Desenho mostrando os castigos a que eram submetidos os indígenas pelos corregedores e juízes que deviam ministrar a justiça.

Colombo partiu no dia 3 de agosto de 1492 de uma cidade chamada Palos, envolvido no mito de que a rainha de Castela, Isabel, teria vendido suas joias para financiar a expedição, quando de fato esta foi possível mediante o resgate de uma antiga dívida cobrada dos habitantes desse porto.

Isso não poderia ter acontecido fora de um contexto histórico, que tinha possibilitado, entre outras coisas, a instalação em Portugal de um centro de pesquisa, a Escola de Sagres, a partir do qual Colombo aperfeiçoou seus conhecimentos sobre a arte da navegação.

Entre os conhecimentos aperfeiçoados por Colombo, temos o uso das velas triangulares que permitiam a movimentação em vários sentidos, captando os ventos que sopravam desde qualquer direção, impulsionando os navios ainda contra a própria correnteza, e também a utilização da bússola e do astrolábio, que possibilitavam traçar nos mapas as rotas desejadas, utilizando como guias as estrelas.

Colombo foi o primeiro a defender a tese da redondeza da Terra? O primeiro a levantar no Ocidente a ideia da esfericidade desse planeta foi Aristóteles, como única forma de explicar os eclipses e o movimento da linha do horizonte à medida que os navegantes se aproximavam.

Mas se a Terra fosse redonda, como os navios que desciam por um lado poderiam subir novamente pelo outro, uma vez alcançada a parte inferior da esfera terrestre? A lei da gravidade ainda estava por ser descoberta, motivo pelo qual essa ideia foi taxada de absurda.

Nas viagens interoceânicas, além de enfrentar os perigos oriundos do mar, os comandantes tinham que controlar as fantasias da supersticiosa marujada. Colombo, como todos os capitães da época, mantinha a tripulação num ritmo de trabalho alucinado, e dopava seus homens com um litro e meio de vinho do Porto por dia misturado com água, que além de evitar que esse precioso líquido apodrecesse no meio do oceano, continha não revelados fins medicinais.

As instruções eram para não deixar que aquela marujada tivesse tempo para pensar. Esses homens, tirados das camadas mais baixas da população espanhola, após uma extenuante jornada de trabalho dividida em turnos de quatro horas, literalmente desmaiavam em qualquer canto dos navios, que não possuíam dormitórios nem cozinha e muito menos banheiros.

Quando Colombo desembarcou na América, acreditando estar próximo do Japão, começou a conquista e a colonização. Muito mais que um enfrentamento em torno da polêmica figura de Colombo ou uma divergência sobre os números do extermínio das populações indígenas, o que, no fundo, está sendo colocado em discussão por eurocentristas e americanistas é o futuro de nosso continente.

Para os eurocentristas, Colombo foi o verdadeiro descobridor da América porque integrou sua história à civilização europeia, coisa não feita por Erik, o Vermelho, ou pelos polinésios. Para os americanistas, com o descobrimento, começou uma era de destruição e morte, que levou 50 milhões de americanos à sepultura.

Qual é o sentido da denúncia da hecatombe dos povos pré-colombianos dos séculos de exploração colonial? Para que esclarecer que o enriquecimento da Europa provocou o empobrecimento da América? A modernidade não significaria, nesse momento, esquecer o passado e tentar transformar os países americanos em territórios capitalistas, entendidos como regiões democráticas de economias desenvolvidas?

Os pensadores eurocentristas apresentam a destruição dos astecas, maias e incas como um desenlace "involuntário" do choque de duas civilizações, uma das quais, pela sua superioridade tecnológica, material e espiritual, terminou, sem querer, fazendo com que a outra mudasse seus hábitos, seus costumes, suas formas de viver e de pensar, resultando para muitos em morte acidental.

Mas o que realmente encontramos na América Latina é uma planejada, sistemática e consciente destruição com fins de exploração econômica. As culturas pré-colombianas são eliminadas para facilitar a extração das riquezas de seus territórios, e para utilizar seus habitantes como mão de obra barata.

Essa destruição do mundo pré-colombiano, material e espiritual, não é completa. Os europeus eliminam somente aquelas culturas que impedem a exploração, mantendo as que permitem ou não dificultam a extração de riquezas das comunidades indígenas.

Mas os americanos também encontraram formas de preservar sua cultura misturando-a com o cristianismo, escondendo-a no fundo de suas consciências ou em alguma montanha inacessível, como a última fortaleza incaica de Machu-Picchu, descoberta somente 80 anos atrás.

Gravura de Antonio de Solis, historiador espanhol, de 1715, que retrata o imperador asteca Montezuma.

6- O julgamento da conquista: Colombo, Cortés e Pizarro

Alguns eurocentristas, munidos de uma grande imaginação, pretenderam efetuar uma arbitrária ligação do Império Inca com o nazismo e o fascismo. Os sanguinários costumes guerreiros dos astecas constituiriam, segundo eles, um antecedente dos livros encadernados pelos alemães com pele de judeus.

Os Estados totalitários indígenas, como os denominam, se assemelhariam à Alemanha não somente nas técnicas de tortura, mas também porque ambos anulariam o desenvolvimento individual, levando as pessoas a aceitarem voluntariamente a morte física e intelectual. Essa submissão ao Estado faria com que os indígenas não fossem capazes de pensar por si mesmos.

A atual polêmica, enfrentada por eurocentristas e americanistas, permite reconstruir o debate ocorrido na época do descobrimento entre Frei Bartolomeu de Las Casas e outro padre da Igreja, chamado Sepúlveda.

O primeiro insistia que os europeus (apesar da superioridade) não tinham o direito de obrigar outros povos a adotarem o modo de vida dos conquistadores. Sepúlveda centrava a argumentação na inferioridade cultural e mental dos indígenas americanos, deduzindo disso a prerrogativa de os espanhóis escravizarem os habitantes do novo mundo.

Os eurocentristas, preocupados em atingir a figura aparentemente intocável do primeiro antropólogo das Américas, Frei Bartolomeu de Las Casas, contra-atacam acusando-o de ser "homossexual" e, como tal, sujeito a "desvios intelectuais", denúncia baseada num suposto relacionamento que teria tido em sua juventude com um escravo indígena.

Os americanistas, por outro lado, jamais perdoaram Frei Bartolomeu em razão de sua proposta inicial de conseguir a liberdade dos indígenas em troca da escravização dos negros, sugestão que o próprio Las Casas repudiaria mais tarde. O grande debate na atualidade está centrado nas polêmicas figuras de Colombo, o "descobridor" do Novo Mundo, Cortés, o conquistador do México, e Pizarro, o do Peru.

Colombo: um santo ou um demônio?

O futuro Almirante da Espanha teve seu batizado no mar a serviço de um corsário francês, chamado René de Anjou, que combatia, entre outros, o próprio rei Fernando de Aragão. Este foi o mesmo rei que, a partir da união com Isabel, rainha da vizinha Castela, participou do processo de unificação da Espanha, o que não significou unidade nacional porque ambos os reinos continuaram sendo autônomos, unidos apenas na figura dos soberanos.

Um naufrágio levou Colombo para as costas de Portugal. Na Escola de Sagres, aprendeu as últimas técnicas de cartografia, astronomia, a arte da navegação e da construção de navios. Utilizando a ciência em voga naquela época, misturada com profecias, citações bíblicas e frases de Aristóteles e dos santos da Igreja, montou a tese de que era possível alcançar a Índia viajando para o Ocidente.

Como não foi levado a sério pelos cientistas de Portugal, que o acusavam de ser "mentalmente insano", nem pela Coroa lusitana, interessada em atingir as Índias passando pelo lado sul da África, preferiu viajar para a Espanha, onde teria a oportunidade única de conciliar o pensamento metafísico com o científico. Sem essa combinação da fé com a ciência não teríamos o descobrimento.

Durante os seis anos em que Colombo permaneceu na Espanha, passou a maior parte de seu tempo discutindo com os teólogos espanhóis, analisando os devaneios dos chamados padres da Igreja para tentar convencê-los, sem êxito, de que não existia nada nas Santas Escrituras contra sua tentativa de encontrar um novo caminho para o Oriente.

Fernando, ainda que sem saber que havia sido combatido por Colombo, não aceitava o envolvimento do Reino de Aragão nessa aventura, enquanto Isabel apostava nas ideias do genovês como forma de superar Portugal, contra a opinião dos teólogos da Corte. O resultado será que a América pertencerá a Castela, aos castelhanos, e não a Aragão.

Homem de transição da época medieval para o Renascimento europeu, Colombo dominava as melhores técnicas de navegação da época. Seu pensamento lógico-científico ficaria demonstrado na análise feita durante a travessia do Triângulo das Bermudas, na chegada ao mar do Caribe na América Central, quando deduziu que as oscilações bruscas da bússola, que teoricamente deveria estar apontando para o norte, devia-se ao fato de existirem na Terra diversos campos magnéticos que atraíam sua agulha imantada.

Esse mesmo cientista tentava convencer os reis da Espanha a utilizar as riquezas de seu descobrimento para financiar a última cruzada, com a finalidade de resgatar a Terra Santa das mãos dos árabes. Colombo estava imbuído de um cristianismo medieval, numa época em que era impossível não acreditar em Deus ou duvidar da infalibilidade papal, independentemente de esse ser um santo ou um devasso.

Colombo, fanaticamente religioso, procurara desesperadamente o "paraíso terrenal" de Adão e Eva em terras americanas. Em seu diário de bordo, escreveu que finalmente o tinha achado na desembocadura do rio Orinoco, na Venezuela, mas negou-se a penetrar nessa espécie de céu sem uma permissão especial do próprio papa, que, para surpresa geral, concedeu-a posteriormente.

Como definir essas diversas facetas de Colombo? Nosso almirante oscilava permanentemente entre três direções: efetuava uma interpretação puramente pragmática e eficaz do mundo exterior quando se tratava de assuntos de navegação; ao procurar explicar a natureza desconhecida e recém-descoberta do Novo Mundo, utilizava-se de uma interpretação religiosa, colocada como finalidade última de todas as coisas – na Bíblia deveriam estar contidas todas as explicações daquilo que não conseguia entender; registrava, detalhadamente, em seu diário, pássaros, plantas, cores da América, num relato ecológico do estado da natureza na chegada dos espanhóis, natureza essa que desapareceria lentamente à medida que a colonização avançava.

Essa terceira faceta de Colombo, sua submissão absoluta à beleza da natureza, livre de interpretação, de toda utilidade ou função, é típica de uma mentalidade moderna. Mas seu comportamento diante dos indígenas era bem diferente.

Em seus argumentos, privilegiava sua autoridade, não sua experiência. Ele pretendia saber de antemão o que viria a encontrar. A experiência concreta está colocada para ilustrar uma ideia que já possuía por meio das Santas Escrituras, ou da Ciência, que não a contradissesse, e não para ser investigada, questionada. Não se tratava, pois, de encontrar a verdade, e sim de procurar confirmações para uma verdade que ele achava conhecer de antemão.

Colombo não se importava com os abusos sexuais ou a violência de seus homens contra os indígenas, mas se preocupava muito quando se tratava de seu patrimônio. Durante sua administração, não hesitou em mandar enforcar aqueles que se negavam a pagar sua parte no botim da conquista, fixado e concedido pelo contrato com os reis católicos em 10% das rendas conseguidas na exploração das Índias.

O acordo comercial também estabelecia outros 12% sobre os lucros das expedições que ele patrocinasse, concedendo-lhe o título de vice-rei e governador perpétuo das Índias. O desmando e as arbitrariedades de sua administração lhe valeram a prisão e o retorno para a Espanha, autoacorrentado como protesto pessoal pelo descumprimento do contrato com os reis da Espanha.

Com a morte de Isabel, perdera sua proteção, seu prestígio, seus títulos e suas riquezas. Morreu solitário e pobre num mosteiro, obrigando seu filho a jurar que utilizaria as riquezas, que supunha seriam devolvidas pela Coroa da Espanha, para financiar a última cruzada contra os árabes. Triste fim para o Almirante.

Cortés: um intelectual na conquista da América

O continente americano não terá o nome de seu "descobridor". Tomará o seu de um gerente de banco chamado Américo Vespúcio, que, entusiasmado pelo novo mundo, passou a se dedicar a escrever sobre as terras encontradas por Colombo. Em 1502, o alemão Martin Waldseemüller fez o desenho do primeiro mapa designando como América, o novo continente, nome que se generalizou posteriormente.

Na América, confrontaram-se muito mais que duas civilizações materiais: defrontaram-se dois tipos de mentalidade. Quando Colombo se negava a compreender a língua dos indígenas (pensava que esses deviam falar a língua dos europeus, e não vice-versa), estava bloqueando qualquer possibilidade de entendimento, de diálogo, de comunicação entre os dois mundos. E quando Montezuma, imperador dos astecas, negou-se a se comunicar com Cortés, que tinha desembarcado em Veracruz, no México, para conquistar seu reino, duas concepções de mundo, duas lógicas de pensamento se afastavam uma da outra.

Por que a conquista deixou os povos pré-colombianos sem história? Nessas sociedades, a memória era preciosa porque nela estavam contidas as técnicas agrícolas, fundamentais para a manutenção e a reprodução da comunidade, bem como o destino de cada um dos indivíduos e do próprio grupo, determinado por adivinhações (o famoso horóscopo) no dia do nascimento, no qual o sacerdote determinava obrigatoriamente qual seria o destino daquela criança.

Para os astecas, a história de sua civilização, que enfrentava os recém-chegados, já estava escrita. O futuro estava preestabelecido: os deuses estavam voltando, fechando-se um ciclo com a destruição inevitável de um tempo e o surgimento de outro.

A destruição dos astecas era inevitável segundo sua religião, fato que teria levado o último imperador, Montezuma, a um imobilismo fatalista, deixando entrarem os espanhóis na capital, tornando-se seu prisioneiro quase voluntariamente.

Para eles, a interpretação da realidade estava baseada nas adivinhações e profecias: adivinhações cíclicas, pontuais, feitas mediante técnicas dominadas pelos adivinhos profissionais. O horóscopo feito a toda criança que nascia não se destinava a pesquisar seu futuro, mas a determiná-lo. Toda sua vida estaria dirigida para a concretização dessa previsão.

Os espanhóis exigiam dos indígenas, mestiços e mulatos uma atitude de total submissão diante do homem europeu, considerado "superior".

Não existia nesse mundo uma escrita de livre acesso, porque sua leitura exigia uma complexa interpretação de símbolos efetuada somente pelos sacerdotes. Sem eles, mortos pelos espanhóis, os deuses se calaram porque não existiam homens capazes de interpretar suas mensagens, e a sociedade sofreu uma profunda transformação mental. O silêncio significava o fim de um ciclo: a morte dos deuses de Montezuma e a vitória dos deuses de Cortés.

Sem as misturas científicas e religiosas de Colombo, não teríamos o descobrimento, e sem Cortés, a conquista. A personalidade desse conquistador é bem diferente da do descobridor. Fidalgo, estudou Latim e Direito na Universidade de Salamanca. Lutou nas guerras da Itália. Foi às Índias em busca de aventura, fortuna e honra. Político, com plena percepção de seus atos, era um homem que sempre procurava informações antes de atuar.

Certamente, o pequeno exército espanhol, ainda que mais bem armado, obrigava Cortés a utilizar todos os recursos não militares disponíveis em cada momento de sua viagem rumo à capital dos astecas. Sua firme decisão de não retroceder ficou demonstrada com seu primeiro ato ao pisar o México, que foi queimar os navios e enforcar alguns homens suspeitos de “traição” para evitar toda possibilidade de retorno.

Contara ainda com duas ajudas inestimáveis. A primeira chamava-se Aguilar, náufrago de Colombo que, salvo pelos maias, viveu alguns anos entre eles, e a outra, Malinche, ou Mariana, uma mulher que não somente traduzia como interpretava para Cortés a língua e as atitudes dos astecas.

Mariana, como Colombo, situa-se no meio de uma acalorada polêmica entre eurocentristas e americanistas. Para os primeiros, é o símbolo de uma perfeita mistura racial (será amante de Cortés?), o símbolo dos americanos que “inteligentemente” se entregam de corpo e alma à civilização, abandonando o antigo estado de barbárie. Para os americanistas, essa mulher é o símbolo dos traidores de sua raça, que colaboraram com os invasores vendendo sua alma ao diabo.

A vitória militar de Cortés foi favorecida pelo conhecimento prévio das atitudes e comportamentos militares dos astecas, que repetiam sempre o mesmo ritual, mostrando suas armas, o número de homens, seu posicionamento no campo de batalha, tentando persuadir o inimigo a se render sem lutar. Para os astecas, o derramamento de sangue era a última opção de uma conquista.

Cortés enfrentara a sempre previsível movimentação das tropas astecas com uma ágil e criativa guerra de movimentos, que se adaptava facilmente ao terreno desconhecido, penetrando em terras sagradas onde os americanos não ousavam penetrar, aumentando suas suspeitas de que eram deuses. A percepção clara daquilo com que estava lidando permitiu-lhe direcionar a guerra, proporcionando uma vitória material e subjetiva ao mesmo tempo. Cortés é classificado pela historiografia como o primeiro geopolítico das Américas.

Pizarro: analfabeto,sanguinário e audacioso

Os eurocentristas procuram evitar qualquer tipo de identificação com a América pré-colombiana, apelando para as carnificinas patrocinadas pelos astecas ou pelos incas, à impiedade deles com os inimigos, aos rituais de sangue, colocando a violência dos espanhóis como uma resposta à violência dos americanos.

Os conquistadores passavam o tempo assando prisioneiros em grandes grelhas instaladas em praças públicas, brincavam de tiro ao alvo em crianças, enforcavam os indígenas nas comemorações religiosas (quanto mais importante era o santo, maior o número de mortos nesse ritual macabro).

Faziam despedaçar mulheres vivas pelos selvagens cães de guerra, mediam o peso e o fio das espadas cortando as cabeças dos indígenas, gastavam o ouro e a prata roubados durante os saqueios das populações indígenas apostando quem conseguiria abrir um indígena, vivo e de pé, ao meio.

Que tipos de homens eram aqueles que matavam num piscar de olhos, mas eram capazes de penetrar e sobreviver em plena selva amazônica procurando o El Dorado, uma mítica fonte de ouro líquido, protegida supostamente por belas e virgens mulheres guerreiras?

Aqueles homens, famosos por suas perversões sexuais, que faziam com que as mulheres preferissem se suicidar a cair em suas mãos, pois seriam repetidamente violentadas pelas tropas invasoras, suportavam os ventos gelados dos Andes ou o calor sufocante das selvas. Aquelas pessoas venciam a sede, a fome, as flechas dos indígenas, procurando um metal amarelo, sem muita utilidade prática para os americanos.

Os conquistadores transportavam a cruz e a espada através da América. A cruz para catequizar pagãos, afugentar o diabo e crucificar os indígenas; a espada, para vencê-los. É difícil encontrar uma definição para aqueles homens que, em nome da religião e levados por uma cobiça de aves de rapina, destruíram povos e civilizações em território americano.

O mais sanguinário dos conquistadores espanhóis chamava-se Pizarro. Partiu para o Panamá com mais de 50 anos para fazer fortuna, decidindo-se pela conquista do Peru. Foi acompanhado por Almagro, que fora abandonado pela mãe na porta de uma igreja. Ignorante como Pizarro, fizeram uma dupla perfeita: audaciosos, ambiciosos, valentes, inescrupulosos, dispostos a tudo. O Peru encontrava-se numa guerra civil entre dois irmãos que pretendiam o trono, o que facilitou a conquista.

Na primeira grande batalha contra o vencedor da guerra civil, Atahualpa, inexplicavelmente, ignominiosamente, tendo tudo a seu favor, rendeu-se sem lutar, repetindo as atitudes de Montezuma. Pizarro efetuou a primeira carnificina. Cento e oitenta homens, com armas de fogo, sacrificaram 10 mil indígenas para servir de exemplo. O Império Inca, extremamente centralizado, derruiu quando o poder foi transferido do Inca para Pizarro.

O resto da história é bem conhecido. Primeiro, Pizarro prometeu ao Inca a liberdade em troca de uma sala repleta de ouro. Apesar da entrega do metal precioso, o imperador foi queimado na fogueira. Seu sucessor,

Manco-Capac, se refugiou nos Andes e manteve a resistência até 1537. Somente em 1572 a ocupação foi garantida com a execução de Tupac-Amaru, sucessor de Manco-Capac.

Cortés, dono de grandes minas e latifúndios, morrera de velhice, "multimilionário", como se diria hoje em dia. Cristóvão Colombo terminou velho e esquecido. Pizarro foi assassinado por Almagro (que foi posteriormente enforcado por esse ato) numa disputa pelo poder e pela repartição de um botim feita irregularmente pelo governador e capitão-geral do Peru.

Ainda que criticando as mortes "desnecessárias" provocadas por "alguns" conquistadores, os eurocentristas continuam insistindo na acidentalidade desses fatos, no saldo positivo, mais que negativo, da colonização europeia.

Defendem que nenhum americano inteligente se identificaria com seres que, supostamente, comiam seus prisioneiros, preferindo a carne de crianças inocentes e que, segundo as fantasias de alguns autores, mantinham açougues públicos nos quais vendiam pedaços de carne humana.

Os eurocentristas são incapazes de entender o pensamento pré-colombiano, no qual a natureza devia estar numa perfeita sincronia com os homens e suas instituições. Quando não chovia o suficiente, significava que as autoridades não estavam cumprindo corretamente sua função social, motivo pelo qual deviam ser substituídas. O direito à rebelião contra um governo injusto, defendido na Revolução Francesa, existia desde muito tempo na América.

A ordem jurídica, o movimento do tempo, a fertilidade dos campos, a justiça social e o desempenho do Estado fazem parte de uma unidade, de uma harmonia geral que devia ser mantida para conseguir paz e prosperidade.

Por que os terceiro-mundistas insistem em identificar a América com esses indígenas "inertes, indiferentes, sonolentos, tristes, com um claro atraso mental"? Respondem os eurocentristas: por puro populismo demagógico, com claros interesses políticos de ganhar a confiança dessa massa amorfa e tirar seus votos em dias de eleições, ou sustentar, por meio de mitos, governos autoritários e corruptos, porque, de fato, a América teria adquirido consciência de si mesma somente a partir da colonização, quando entrou para a história da civilização, abandonando a barbárie.

Execução do líder inca Atahualpa, em Cajamarca, no Peru.

7- A TÍTULO DE CONCLUSÃO: A RECUPERAÇÃO DO PASSADO PRÉ-COLOMBIANO

Os eurocentristas ignoram qualquer possibilidade do surgimento na América de algum povo civilizado. Desconhecem que, enquanto os camponeses morriam de fome durante o feudalismo europeu, Estados centralizados construíam na América complexas obras hidráulicas, controlavam o tempo por meio do calendário, conseguiam alimentar decentemente todo o povo, possuíam aposentadoria, pública e gratuita, ou desconhecem que as primeiras universidades envolvidas com a tecnologia da produção de alimentos surgiram fora da Europa ocidental.

A ciência teria demonstrado, segundo os eurocentristas, que existiram dois tipos de indígenas: os "aproveitáveis" e os "descartáveis". Aqueles que moravam nas planícies eram "indomáveis" e, portanto, não podiam ser integrados ao processo civilizatório, resultando daí a necessidade de seu extermínio.

Os que moravam na serra estavam acostumados ao trabalho agrícola, à construção das grandes obras hidráulicas e, por isso mesmo, deviam ser preservados pela nova civilização imposta pelos europeus.

O colonizador parte do pressuposto de que o indígena não era semelhante ao homem branco. A ordem era rebaixar seus habitantes ao nível do macaco superior, uma besta de carga capaz de responder ao estímulo da violência sem se transformar num animal irracional e violento, incapaz de trabalhar.

Para desumanizá-los, deviam ser liquidadas suas tradições, sua cultura. Sua língua devia ser substituída pela do europeu. Se resistia, devia ser morto; se cedia, deixava de ser um homem. A vergonha e o temor desintegravam sua personalidade, destruíam seu caráter. Derrotado, subalimentado, doente, amedrontado, não era um animal nem um homem: apenas um indígena.

Das páginas anteriores podemos concluir que o eurocentrismo consiste, pois, numa perspectiva intelectual para a qual todas as experiências históricas americanas são abordadas como se estivéssemos diante de acontecimentos europeus, que servem como referencial comparativo necessário.

Segundo essa perspectiva, a história da América seria apenas um apêndice da história do Velho Continente. Se não existisse a história da Europa, não existiria a história da América.

O pensamento eurocentrista afirma que descobrir o passado da América procurando uma identidade perdida é uma coisa irrelevante. Segundo eles, o que os latino-americanos necessitariam seria de um "choque capitalista", técnicas avançadas para cultivar a terra, educação, saúde, privatização, modernização...

Acreditam que para tirar o homem americano de sua situação e levá-lo para uma vida melhor seria necessária a introdução do pensamento científico por intermédio de universidades técnicas e não políticas, de modernos processos de produção, eliminando, por exemplo, a reserva de mercado para computadores, fator considerado instrumento privilegiado para modificar o atraso desse continente.

Nosso grande mal seria pensar com categorias míticas e metafísicas de origem pré-colombiana. A América Latina já foi, no passado, catalogada como uma terra de ditadores, oligarquias, indígenas, negros, fome, desperdícios, corrupção, espaço bárbaro carente de racionalidade, de ciência, incapaz de multiplicar suas riquezas com o próprio esforço, motivo pelo qual necessita da tutela de norte-americanos ou europeus. No século XXI, a realidade é outra.

Negar o eurocentrismo não significa desprezar a herança cultural europeia, mas resgatar aqueles elementos que nos permitam construir uma nova sociedade. Os sonhos da liberdade, da fraternidade e da solidariedade unem os homens do velho e do novo continente.

A Europa já celebrou mais de 200 anos da Revolução Francesa (1789-1799), destacando a Declaração dos Direitos do Homem e do Cidadão, que proclamava a igualdade de todos diante da lei e estabelecia que a única fonte de poder era o povo. Também ratificava o direito à liberdade, à propriedade, à segurança e à resistência à opressão.

A Revolução Francesa é inseparável da Revolução Industrial inglesa, no sentido de que são parte do mesmo processo de consolidação do capitalismo, mas que geraram, em sua formação, diferentes projetos sociais. A primeira se identifica com as propostas de liberdade, igualdade e fraternidade, enquanto a segunda se associa ao pensamento utilitário e individualista. Essas duas propostas ainda continuam se debatendo.

Os ingleses consolidaram a ideia de que os fins justificam os meios, de que todos os instrumentos devem ser utilizados para a implantação do capitalismo. O liberalismo lentamente abandona as aspirações dos revolucionários franceses para abraçar as propostas dos pensadores ingleses.

Os americanistas encontraram nas instituições sociais pré-colombianas ideias defendidas na Europa pelos iluministas, preocupados com a investigação científica, a crítica da realidade existente e a modificação das estruturas sociais, movidos pela luta contra o poder, o despotismo e o obscurantismo e em defesa da racionalização da existência social.

O pensamento pré-colombiano, baseado na reciprocidade, na solidariedade, no controle público da autoridade, nos trabalhos coletivos, possuía em seu interior muitas das aspirações defendidas pelos homens europeus do século XVIII.

A busca da modernidade libertadora na Europa foi vencida, derrotada por uma modernidade que concebia a racionalidade como um instrumento de poder e dominação, não de libertação. Sua derrota também foi a derrota da América Latina, que, com a transferência da hegemonia capitalista da Inglaterra para os Estados Unidos, que também abandonam os ideais de seus fundadores para assumir a racionalidade inglesa no século XIX, passa a ser vítima da modernização.

Os eurocentristas afirmam que os americanistas estão fazendo uma análise política e não científica da descoberta de Colombo, que estão querendo discutir questões como controle direto das autoridades, debatendo e decidindo suas formas de exercício, o controle público da produção e da distribuição das riquezas, tomando como exemplo o passado pré-colombiano.

Os americanistas, por sua vez, afirmam que a recuperação do passado somente adquire sentido se o projetamos para o futuro. Que a história da América não é apenas um longo relato de violências, golpes militares, políticos corruptos, obras faraônicas, desperdícios e desordens.

Muitos dos ideais de reciprocidade, liberdade, fraternidade e solidariedade, perseguidos pelos homens da Revolução Francesa, lemas esquecidos nas comemorações europeias, estavam presentes entre astecas, maias e incas.

O que podemos recuperar do passado pré-colombiano para as gerações presente e futuras de nosso continente? Da antiga área das Altas Culturas, devemos resgatar os conceitos de reciprocidade e de solidariedade então dominantes.

Falamos de reciprocidade para explicar as relações entre os indivíduos da mesma sociedade, na qual os deveres econômicos implicavam reconhecer os direitos dos outros, num intercâmbio mútuo de donativos, sem a finalidade de acumular riquezas materiais em poucas mãos, enriquecendo uma minoria e empobrecendo a maioria.

Execução do líder inca Atahualpa, em Cajamarca, no Peru.

Biblioteca Real da Dinamarca

Essa era uma das características da vida econômica autossuficiente das comunidades aldeãs pré-colombianas, para as quais o trabalho era coletivo e tinha como finalidade a transformação comum da natureza e sua posterior distribuição conforme as necessidades de cada unidade familiar.

Nessas terras americanas, a produção material não mutilava as forças criativas dos homens porque estes, além de serem construtores e trabalhadores, eram também artistas, pintores, escultores e poetas.

Sem dúvida, as sociedades maia, asteca e inca não eram um paraíso. Existia a exploração dos camponeses por meio da apropriação da produção por parte de uma classe que controlava o Estado. Tal classe incluía sacerdotes, guerreiros e funcionários ou burocratas, que protegiam as comunidades e, simultaneamente, as exploravam. Também as protegiam contra os ataques exteriores, a fome, as doenças ou o frio, sendo capazes de organizar as estruturas produtivas para conseguir alimentar decentemente, por exemplo, 25 milhões de pessoas somente no vale do México, fato que nenhum Estado moderno latino-americano consegue hoje repetir.

A alimentação é uma questão que separa definitivamente eurocentristas e americanistas. Na atualidade, quase não encontramos os produtos agrícolas que dominavam a economia pré-colombiana. A América foi coberta por produtos procedentes da Europa. Apenas três por cento das terras produtivas de nosso continente são dedicadas ao cultivo de plantas nativas.

Segundo os eurocentristas, produtos como cana-de-açúcar, trigo, aveia, centeio, arroz, gado, ovelhas e coelhos, e instrumentos como arado e máquina de tecer foram as grandes contribuições da Europa para o desenvolvimento latino-americano. Com isso, segundo eles, foi possível a preservação da vida de milhões de indígenas.

O que eles esquecem é que isso significou a destruição de um sistema produtivo local, com uma tecnologia que ainda se pode ver nos canais, túneis e pontes construídos na época dos incas, com formas de trabalho coletivo.

Significou a substituição de uma alimentação local baseada na batata, no milho, nas verduras e nas frutas por uma alimentação de origem estrangeira sustentada pela carne e pelos produtos agrícolas europeus.

Os eurocentristas procuram esconder que essa desestruturação calamitosa de um sistema produtivo provocou, somente entre 1530 e 1600, a morte de 9 milhões de pessoas, apenas no Peru, enquanto a carnificina dos nazistas, quando na Segunda Guerra Mundial invadiram a Rússia, foi de 25 milhões de pessoas.

Os europeus conseguiriam construir nos atuais Estados Unidos uma sociedade bem diferente da nossa. Sem sofrer diretamente a opressão colonial, o norte dos atuais Estados norte-americanos da costa do Atlântico conseguiu acumular o capital fundamental para o impulso desenvolvimentista, baseado em pequenas e médias propriedades, economia voltada para dentro, trabalho livre e uma estrutura política autônoma, bem diferente da opressão luso-espanhola.

Certamente o capitalismo norte-americano não foi construído sem sangue. Foi necessária uma sangrenta guerra civil entre o Norte e o Sul, bem como sua lucrativa participação em duas guerras mundiais, para transformar esse país situado ao norte do continente americano numa potência mundial.

Isso nos leva a outra discussão. O que significa ser habitante da parte menos desenvolvida do continente? Se no passado os latino-americanos foram considerados bárbaros, em oposição aos civilizados europeus, hoje, muitos norte-americanos se consideram civilizados em oposição aos habitantes do sul do rio Grande, que os separa do México.

O que significaria para eles ser latino-americano? Essa palavra nos torna homogênios utilizando adjetivos negativos, como subdesenvolvidos, pouco inteligentes, inaptos para o trabalho, incapazes de ter um governo democrático, corruptos, separando-nos dos legítimos americanos do norte, capitalistas e desenvolvidos.

Para os eurocentristas, os latino-americanos carecem de uma identidade própria porque foram colonizados pelos espanhóis e portugueses, muito envolvidos na moral e na ética religiosa do catolicismo tradicional, que atrapalhava a racionalização capitalista, coisa que não acontecia com os protestantes que colonizaram a América do Norte.

O raciocínio desses autores conduz a uma conclusão assustadora e absurda ao mesmo tempo, quando afirmam que esse idealismo salvacionista dos ibéricos também os teria levado a misturar seu sangue com o indígena, na tentativa de "melhorar essa raça". Os resultados são claramente negativos, porque os crioulo*s*, nome dado aos filhos de espanhóis e indígenas, apesar de serem considerados "superiores aos indígenas", não conseguiram atingir o mesmo grau de inteligência dos europeus ou norte-americanos, que se mantiveram fundamentalmente puros.

A América Latina tem ou não identidade? Os ricos e diversos elementos que alimentam nossa história, contados na primeira parte desta obra, certamente ainda não terminaram seu longo processo de fundição em algo novo e original. Ainda não conseguiram se articular autonomamente numa nova e diferente estrutura de relações entre as pessoas, capaz de criar um sentimento de união, uma identidade.

Por que isso ainda não foi conseguido? Porque nossa cultura e nossa consciência estão marcadas pelo passado de exploração, pela nossa função na acumulação de capital nos centros hegemônicos do capitalismo, que nos mantêm num estado de dependência.

A dependência é muito mais que a subordinação de um país a um poder exterior. Significa pensar como o europeu, o norte-americano ou o japonês. Significa acreditar que a América Latina é o quintal do mundo, que o Brasil não tem mais jeito.

O rompimento dessa dependência exige um novo relacionamento entre as pessoas, a criação de uma intersubjetividade, descobrindo que tivemos um passado não dependente, não colonial, analisado nesta obra, a partir da qual é possível elaborar um projeto alternativo para as sociedades latino-americanas. Esse foi o grande objetivo desta pequena obra, que esperamos ter atingido.

CRONOLOGIA

Período	Data		México	Área Central	América Andina
Período Pré-Clássico ou Formativo	1000	antes de Cristo	Olmecas		Cultura chavín
	800		Florescimento de Tlatilco	Desenvolvimento de Izapa	Chavín de Huantar
	600		Monte Alban		
	400		Destruição de La Venta	Lento povoamento do Istmo de Chapultepec	Norte: salinar-gallinazo Serra: chanapata-chiriapa Sul: paraca
	200		Tres Zapotes		
Período Clássico	100	depois de Cristo	Cessa influência olmeca		
	200		Monte Alban II	Antigo Império Peten	Norte: mochica Serra: recuay Sul: nazca
	400		Teotihuacán	Tikal Uaxactum	
	600		Totonacas	Declínio maia	Titicaca
	800		Grandes invasões chichimecas		Expansão tiahuanacoide
Pós Clássico	1000		Toltecas Mixtecas	Novo Império: Chichén-Itzá	Norte: chimu Titicaca: huancas, lupacas
	1200		Astecas	Mayapán	incas-chinches
	1400		Confederação Asteca	Finaliza unidade maia	Expansão inca

Bibliografia

BARTRA, Roger (Org.). *El modo de producción asiático:* problemas de la historia de los países coloniales. México: Era, 1974.

________. Sociedades precapitalistas: reflexiones en torno a un texto inédito de Marx. *Historia y Sociedad*, México, n. 3, 1965.

________. La teoría de la sociedad hidráulica. *Tlatoani*, México, n. 3, 1965.

BERNAL, Ignacio (Org.). *Los pueblos y señoríos teocráticos.* 2 v. México: INAH, 1976.

CARRASCO, Pedro; BRODA, Johana. *Estratificación social en la Mesoamérica prehispánica.* México: INAH, 1967.

CARVALHO, Edgard Assis (Org.). *Antropologia Econômica.* São Paulo: Ciências Humanas, 1978.

LEWIS, H. A. G. *The Times Atlas of World History.* London: Times Books, 1995.

MARX, Karl. *Formações econômicas pré-capitalistas.* Rio de Janeiro: Paz e Terra, 1977.

MARX, Karl; ENGELS, Friedrich. *Sobre el sistema colonial del capitalismo.* Buenos Aires: Ed. Estudios, 1964.

SOFRI, Gianni. *O modo de produção asiático:* história de uma controvérsia marxista. Rio de Janeiro: Paz e Terra, 1977.

Bibliografia específica

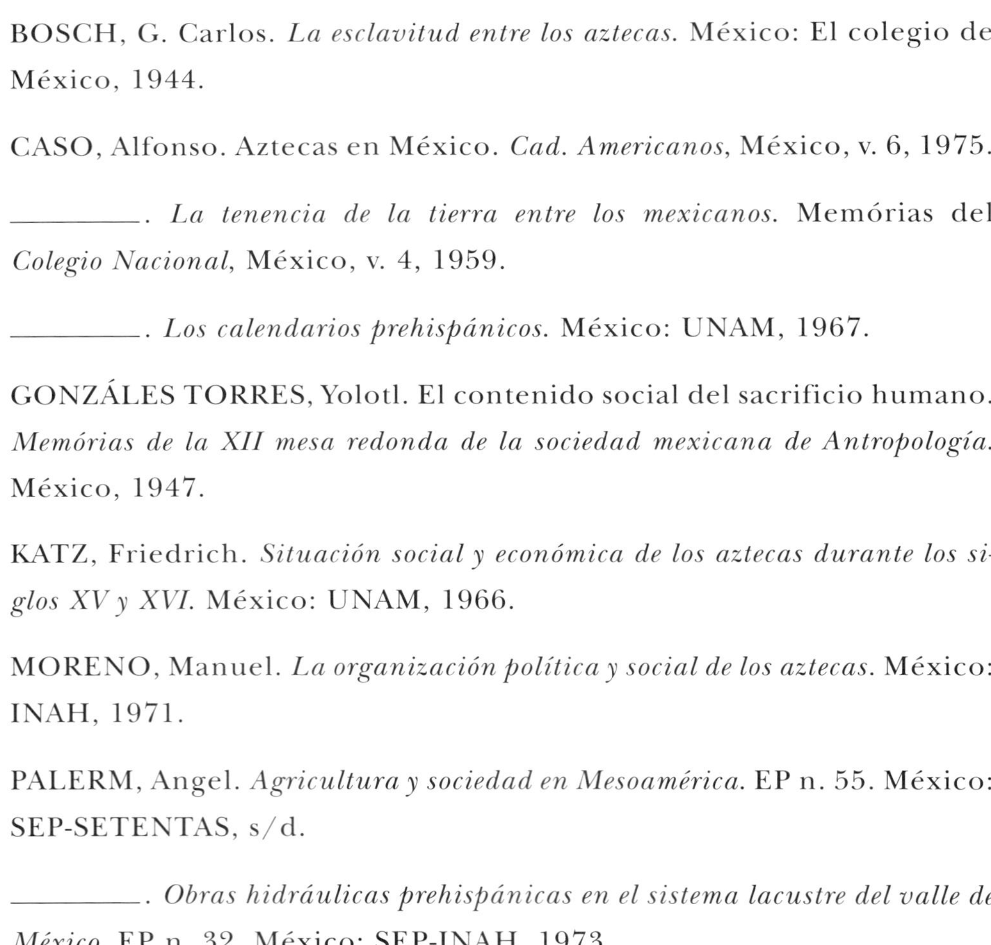

Astecas

BOSCH, G. Carlos. *La esclavitud entre los aztecas.* México: El colegio de México, 1944.

CASO, Alfonso. Aztecas en México. *Cad. Americanos,* México, v. 6, 1975.

________. *La tenencia de la tierra entre los mexicanos.* Memórias del *Colegio Nacional,* México, v. 4, 1959.

________. *Los calendarios prehispánicos.* México: UNAM, 1967.

GONZÁLES TORRES, Yolotl. El contenido social del sacrificio humano. *Memórias de la XII mesa redonda de la sociedad mexicana de Antropología.* México, 1947.

KATZ, Friedrich. *Situación social y económica de los aztecas durante los siglos XV y XVI.* México: UNAM, 1966.

MORENO, Manuel. *La organización política y social de los aztecas.* México: INAH, 1971.

PALERM, Angel. *Agricultura y sociedad en Mesoamérica.* EP n. 55. México: SEP-SETENTAS, s/d.

________. *Obras hidráulicas prehispánicas en el sistema lacustre del valle de México.* EP n. 32. México: SEP-INAH, 1973.

Mixtecas – zapotecas – huestecas – olmecas

CASO, Alfonso. *Calendario y escritura de las antiguas culturas del Monte Albán.* México, 1947. (Obras completas de M. Mendiazábal).

MENDIETA, Nuñez. *Los zapotecas.* México: Inst. de Inv. Sociales, 1945.

RODRIGUEZ, Blas E. *Culturas huestecas y olmecas.* México: Tampico, 1945.

Maias

CARDOS DE MENDEZ, A. El comercio de los mayas antiguos. *Actas Antropológicas Epocas*, México, v. 2, n. 1, 1959.

CHAPMAM, A. M. *Puertos de intercambio en Mesoamérica prehispánica.* México, 1959. (Serie Historia, 3).

HOLLAND, W. R. *Medicina maya en lo alto de chiapas.* México: I.N.I., 1936.

RUZ LHUILLIER, Alberto. Costumbres funerarias de los antiguos mayas. In: SEMINARIO DE CULTURA MAYA. México: UNAM, 1968.

SAEZ, César. Exploraciones y restauraciones de la Uxmal. Yucatán. *Boletín del IN AH*, México, n. 36, s/d.

THOMPSON, Eric *Grandeza y decadencia de los mayas.* México: Fondo de Cultura Económica, 1959.

_________. *Historia y religión de los mayas.* México: Siglo XXI, 1975.

Literatura

ARIAS LARRETA, Abraam. *Literatura aborígen de América:* Azteca, Incaica, Maya-Quiche. Buenos Aires, 1968.

ASTÚRIAS, Miguel Angel (Org.). *Poesia precolombiana.* 2. ed. Buenos Aires: Compañia General Fabril Editora S. A., 1968.

LARA, Jesús. *Literatura de los quechuas.* Cochabamba, 1960.

LEON PORTILLA, Miguel. *La filosofia Náhuatl estudiada en sus fuentes.* México, 1959.

_________. *Los antiguos mexicanos a través de sus crónicas y cantares.* México, 1961.

SÉJOURNÉ, Laurette. *Pensamiento y religión en el México Antiguo.* México, 1959.

América Andina

ARZE, José Antonio. Fue socialista o comunista el imperio incaico?. *Revista de sociologia Boliviana*, n Sucre, n. 1, 1941.

BAUDIN, Louis. *El imperio socialista de los incas*. Santiago de Chile, 1943.

CARRION CACHOT, Rebeca. La indumentaria en la antigua cultura paraca. *Wira Cocha*, Lima, tomo I, n. 1, 1931.

CUNOW, Heinrich. *El sistema de parentesca peruano*. Lima, 1929.

________. *La organización social del imperio de los incas*. Paris, 1933.

JIJON y CAAMAÑO, Jacinto. *La religión del imperio de los incas*. Quito, 1919.

METRAUX, Alfred. *Los Incas*. Buenos Aires: Centro Editor de América Latina, 1972.

MURRA, John V. *Formaciones económicas y políticas del mundo andino*. Lima: Inst. de Estudios Peruanos, 1975.

________. La función de los tejidos en varios contextos sociales del estado Inca. *Actas del segundo congreso nacional de Historia del Perú*, Lima, vol. II, 1958.

________. Rebaños y pastores en la economía de Tahuantisuyo. *Revista Peruana de Cultura*. Lima, 1964.

________. *La organización económica del Estado Inca*. México: Siglo XXI, 1968.

TELLO, Julio. Origen y desarrollo de las civilizaciones prehistóricas andinas. In: CONGRESSO INTERNACIONAL AMERICANISTA. *Actas XXVII*. Lima, 1942.

URTEAGA, Horacio. *El imperio Incaico*. Lima, 1931.

________. *Historia de la cultura antigua del Perú*. Lima, 1948.

________. *La ruta cultural del Perú.* México, 1945.

Manuais

BUSHNELL, Geoffrey Hext Sutherland. *Peru.* Lisboa: Editorial Verbo, 1971.

COE, Michael. *O México.* Lisboa: Editorial Verbo, 1970.

________. *Os Maias.* Lisboa: Editorial Verbo, 1971.

SÉJOURNÉ, Laurette. *América Latina*: antiguas culturas precolombianas. 5. ed. México: Siglo XXI, 1975. (História Universal).

Obras que abordam o choque de duas civilizações

GIBSON, Charles. *Los Aztecas bajo el dominio español.* Argentina: Siglo XXI, 1967.

POMER, León. *História da América Hispano-Indígena.* São Paulo: Global, 1983.

WACHTEL, Natan. *Los vencidos* (Los indios del Peru frente a la conquista esplanhola 1530-1570). Madri: Alianza Universidad, 1976.

Discutindo o texto

1. Como a ideologia colonialista explica as discrepâncias econômicas que existem na América?

2. Explique a abordagem feita pela historiografia tradicional sobre a evolução das sociedades e aponte as críticas que o autor faz a esse tipo de interpretação.

3. Após dar o conceito de modo de produção tributário, responda:

a) como surgiu o Estado?

b) por que esse modo de produção caracteriza um período de transição?

c) quais as circunstâncias que favorecem a instalação desse modo de produção?

d) por que há inadequação entre as forças produtivas e os meios de produção?

4. Quais as teorias sobre a origem dos habitantes da América?

5. O que é difusão cultural? Como ela ocorre e qual sua importância?

6. Identifique a importância dos toltecas para o desenvolvimento da civilização asteca.

7. Partindo das relações entre os diferentes povos que habitaram a região atual do México, explique a vitória do colonizador europeu sobre os nativos.

8. Caracterize a organização dos astecas dando ênfase ao papel desempenhado pelo Estado.

9. Situe o homem pré-colombiano diante das condições naturais e da sua comunidade.

10. Considerando as características dos maias, explique o porquê da adoção do modo de produção tributário mercantilizado.

11. Estabeleça as diferenças e as semelhanças entre a organização dos astecas e a dos maias.

12. Quais as condições que favoreceram a instalação do Estado inca? Quais suas características básicas?

13. Após dar o conceito de confederação, cidade-Estado e império, justifique a existência dessas ordens políticas entre astecas, maias e incas.

14. Como o autor explica a relativa autonomia da superestrutura em relação à infraestrutura nas civilizações pré-colombianas? Qual o sentido dessa análise?

15. Discuta em pequenos grupos o significado para as gerações presentes da chegada de Colombo ao continente americano, redigindo um pequeno texto sobre esse assunto.

16. Em que aspectos as Altas Culturas pré-colombianas eram superiores às europeias?

17. Quais são as razões que explicam a vitória dos europeus sobre os astecas e os incas?

18. Quem era o civilizado e quem era o bárbaro nessa história?

19. Sintetize o pensamento americanista.

20. Quais são as ideias defendidas pelos eurocentristas?

21. Por que a chegada do rei *viking* Erik, o Vermelho, foi esquecida pela história?

22. Descreva o comportamento e as atitudes de Colombo diante do descobrimento da América.

23. Quais seriam as diferenças entre Pizarro e Cortés?

24. Por que a conquista deixou os povos pré-colombianos sem história?

25. Cite as diferenças entre a colonização espanhola e a ocupação inglesa da América do Norte.

26. O que, para você, é ser um "latino-americano" consciente e assumido?

27. Qual é o objetivo da recuperação do passado pré-colombiano?